Laberinto Digital: retos jurídicos de las nuevas tecnologías en la era de la inteligencia artificial

Directores:

Pilar Cámara Águila
Sebastián López Maza
Gemma Minero Alejandre
Carla Bragado Herrero de Egaña
Javier Fernández-Lasquetty Martín

Autores:

Javier Amaya Cano
Alba Cuevas Cortés
Cristina Fernández Santos
María García González
María Gómez Mantecón
Sandra González Turrión
Javier Iniesta Alba
Catalina Muñoz Idiarte-Ramos
Javier Rojas Rodríguez
José Luis Serna Arbeláez
América Vidal Astroza

Editorial Book Publishing
2025, Madrid

ISBN: 978-84-685-9306-7

ÍNDICE

El libro *Laberinto digital: los retos jurídicos de las nuevas tecnologías en la era de la inteligencia artificial* es la séptima obra que el Centro de Investigación en Propiedad Intelectual (CIPI) promueve entre los estudiantes del *Máster en Propiedad Intelectual, Industrial y Nuevas Tecnologías* de la Universidad Autónoma de Madrid. El Máster forma parte del conjunto de actividades de formación integradas en el CIPI, que es el primer centro universitario español dedicado al estudio de esta materia (https://www.cipiuam.es). La edición de esta obra llega tras el éxito de los seis libros precedentes: *The compass rose on IP and IT Law: new developments in Europe; IP and IT Law: a review of certain current issues; Propiedad intelectual, industrial y nuevas tecnologías. Cuestiones de actualidad; Desafíos legales emergentes de las nuevas tecnologías; Retos actuales de la propiedad intelectual e industrial e Innovación en conflicto: propiedad intelectual e industrial en la era digital.*

La publicación de esta obra da cumplimiento a varios objetivos del CIPI. El primero de ellos consiste en la formación de nuestros estudiantes en las materias propias del Centro, promoviendo entre ellos el espíritu crítico y creativo a la hora de enfrentarse a la investigación de un tema de actualidad. En segundo lugar, se encuentra la transferencia de conocimiento, mediante la difusión de los resultados de dicha investigación y su puesta a disposición de la comunidad científica, agrupados, en este caso, en forma de obra colectiva, tras una primera fase de exposición oral. Ello es así porque el libro *Laberinto digital: los retos jurídicos de las nuevas tecnologías en la era de la inteligencia artificial* recoge los trabajos de los estudiantes de la XIX edición del Máster en Propiedad Intelectual, Industrial y Nuevas Tecnologías, y los de la I edición del Máster en Contratación Digital e Inteligencia Artificial, que fueron expuestos a través de ponencias en el congreso *Propiedad Intelectual, IA y nuevas tecnologías: retos y oportunidades,* celebrado el 11 de abril de 2025 en la Universidad Autónoma de Madrid, y organizado por ambos másteres.

El libro se compone de diez capítulos referidos a temas de absoluta actualidad en el ámbito de la propiedad intelectual, la propiedad industrial, el Derecho de consumo y las nuevas tecnologías. Entre ellos, se encuentran varios trabajos en los que se identifican y analizan algunos desafíos jurídicos planteados por la inteligencia artificial. Así, los referidos a la reparación de los daños causados por estos sistemas o los relativos a su impacto en los derechos de propiedad intelectual -en particular, en la remuneración de los autores-, en los derechos de imagen de los cantantes y actores, y en el Derecho marcario. A ellos se suman los capítulos sobre la creatividad en el ámbito cinematográfico y musical, los llamados «neuroderechos», los *non-fungible tokens* (NFTs) y la *blockchain*.

Los autores de cada uno de estos trabajos han realizado un considerable esfuerzo en la búsqueda y presentación crítica de la bibliografía y la jurisprudencia más relevantes sobre esas materias, tratando de incorporar una importante dimensión internacional.

Las labores de dirección del congreso y de la posterior revisión de la redacción de los capítulos contenidos en esta obra han corrido a cargo de miembros del equipo del CIPI: Pilar Cámara Águila, Sebastián López Maza, Gemma Minero Alejandre, Carla Bragado Herrero de Egaña y Javier Fernández-Lasquetty Martín. Tras una primera fase donde se decidieron y perfilaron los temas objeto de estudio y su adjudicación a los estudiantes que serían ponentes en el citado congreso, estos llevaron a cabo una primera versión escrita de sus trabajos. Los profesores leyeron los textos, hicieron las correcciones necesarias y aportaron una serie de recomendaciones de mejora. Este libro es el resultado final del trabajo exhaustivo de los estudiantes y de la labor supervisora de los profesores implicados en este proyecto.

Esperamos que esta obra sea del interés de los lectores.

Pilar Cámara Águila, Sebastián López Maza, Gemma Minero Alejandre,
Carla Bragado Herrero de Egaña y Javier Fernández-Lasquetty Martín
Madrid, septiembre de 2025

I. RESPONSABILIDAD CIVIL Y DAÑOS CAUSADOS POR SISTEMAS DE INTELIGENCIA ARTIFICIAL

JAVIER AMAYA CANO

Estudiante de la I edición del Máster en Contratación Digital e Inteligencia Artificial de la Universidad Autónoma Madrid

RESUMEN: El presente análisis aborda la plasmación jurídica de las diferentes vías legislativas para regular de forma autónoma la responsabilidad civil por los daños causados por la IA. Se destaca que el Reglamento de Inteligencia Artificial (RIA) no regula la responsabilidad civil directamente, sino que establece un marco de medidas *ex ante* (preventivas, como sistemas de gestión de riesgos y transparencia) y *ex post* (supervisión y sanciones). Se evalúan las limitaciones del Código Civil español (CC) para abordar estos daños, concluyendo que las analogías con la responsabilidad por hecho ajeno o por animales resultan forzadas ante la autonomía de la IA. Asimismo, se revisan las iniciativas legislativas europeas previas que resultaron infructuosas, como la retirada de la propuesta de Directiva sobre responsabilidad en materia de IA, que buscaba facilitar la prueba del nexo causal y el acceso a la información. El foco principal recae en la Directiva (UE) 2024/2853 sobre responsabilidad por los daños causados por productos defectuosos (DRPD). Esta directiva amplía la noción de "producto" para incluir software y sistemas de IA integrados, aplicando un régimen de responsabilidad objetiva a daños personales y materiales causados directamente por el producto defectuoso, aunque excluye los daños por la información emitida si hay intervención humana. La DRPD introduce mecanismos para mitigar la carga probatoria del demandante, como la presunción del carácter defectuoso o del nexo causal en casos de complejidad técnica.

PALABRAS CLAVE: Inteligencia artificial, responsabilidad civil, daños, productos defectuosos.

SUMARIO: I. ANTECEDENTES. II. EL REGLAMENTO DE INTELIGENCIA ARTIFICIAL. III. SOLUCIONES DEL CÓDIGO CIVIL. 1. RESPONSABILIDAD POR HECHO AJENO. **2.** RESPONSABILIDAD DEL POSEEDOR DEL ANIMAL. **IV. VÍAS LEGISLATIVAS INFRUCTUOSAS. 1.** LA PROPUESTA DE REGLAMENTO SOBRE RESPONSABILIDAD POR EL FUNCIONAMIENTO DE SISTEMAS DE INTELIGENCIA ARTIFICIAL. **2.** LA PROPUESTA DE DIRECTIVA SOBRE RESPONSABILIDAD EN MATERIA DE

INTELIGENCIA ARTIFICIAL. **V. LA DIRECTIVA (UE) 2024/2853, DE 23 DE OCTUBRE DE 2024, SOBRE RESPONSABILIDAD POR LOS DAÑOS CAUSADOS POR PRODUCTOS DEFECTUOSOS. 1.** NOCIÓN DE PRODUCTO. **2.** CARÁCTER DEFECTUOSO DEL PRODUCTO. **3.** DAÑO CUBIERTO. **4.** NEXO CAUSAL. **VI. CONCLUSIONES. VII. BIBLIOGRAFÍA.**

I. ANTECEDENTES

La IA ha irrumpido en todos los ámbitos de la sociedad, transformando industrias y economías, y está llamada a modificar enormemente nuestras formas de comportamiento en general y nuestros patrones de consumo en particular. Indudablemente, multitud de variables convierten a la IA en una tecnología tremendamente alentadora con un gran potencial para mejorar las condiciones materiales de vida de las personas.

A pesar de ello, precisamente por su naturaleza transversal, que cruza horizontalmente todos los ámbitos de actuación, es innegable su potencialidad para causar daños. Pensemos en un coche autónomo que tiene un accidente, en un *deepfake* que provoca una manipulación a gran escala o en las consecuencias de un mal funcionamiento de un robot cirujano que emplea un sistema de IA. Surge, en ese momento, la cuestión de la responsabilidad civil.

La IA está llamada a transformar o, al menos, a repensar la forma de concebir el Derecho de daños y la responsabilidad civil, planteando desafíos significativos a los principios jurídicos tradicionales. A saber: la dificultad de identificar al agente causante, la opacidad para probar el defecto o la culpa, la complejidad en establecer el nexo causal y la necesidad de aplicar criterios de imputación de riesgo. Si bien la pretensión resarcitoria se mantiene, la naturaleza compleja de los daños causados por la IA y la dificultad para determinar quién debe responder por ellos complejizan su aplicación.

A este respecto, la necesidad de establecer mecanismos regulatorios efectivos se impone. Será este el eje nuclear de estas líneas para dar respuesta a la siguiente problemática: ¿en qué medida los instrumentos legislativos actuales ofrecen un marco jurídico específico de responsabilidad para los daños causados por un sistema de IA?

Para aportar una respuesta coherente, realizaremos, primeramente, una aproximación sobre las implicaciones del RIA; en segundo lugar, abordaremos las diferentes soluciones que ofrece nuestro CC a estas cuestiones; posteriormente, mencionaremos las diferentes vías de actuación del legislador europeo para terminar abordando en profundidad la DRPD.

II. EL REGLAMENTO DE INTELIGENCIA ARTIFICIAL

El RIA no se ocupa de regular expresamente la responsabilidad civil por daños y perjuicios causados durante el desarrollo y uso de modelos y sistemas de IA. Tampoco establece una pretensión indemnizatoria para su compensación en este ámbito. Regula, en rigor, un conjunto de medidas de prevención *ex ante* y *ex post* realizando clasificaciones de los sistemas de IA según el riesgo.

Las medidas ex ante incluyen la regulación de las especificaciones técnicas para garantizar la seguridad de los sistemas de IA de alto riesgo, así como limitaciones para la entrada en el mercado sin las pertinentes evaluaciones de conformidad[1]. Por otro lado, las medidas ex post comprenden deberes de vigilancia una vez que el producto ha sido comercializado, y la aplicación de un derecho sancionador en caso de incumplimiento[2].

Sea como fuere, aunque el Reglamento no aporta soluciones jurídicas en materia de responsabilidad, proporciona conceptos y clasificaciones que pueden servir como complemento para las normas específicas en materia de Derecho de daños.

III. SOLUCIONES DEL CÓDIGO CIVIL
1. RESPONSABILIDAD POR HECHO AJENO

El artículo 1903 CC contempla un supuesto especial de responsabilidad

---

1 Este reglamento establece medidas ex ante (preventivas), como las obligaciones de sistemas de gestión de riesgos (art. 9), gobernanza de datos (art. 10), documentación técnica (art. 11), mantenimiento de registros (art. 12), transparencia (art. 13), supervisión humana (art. 14), robustez y ciberseguridad (art. 15), evaluación de la conformidad (art. 19) y la base de datos de sistemas de IA de alto riesgo (art. 51).

2 Entre las medidas *ex post* (posteriores a la puesta en el mercado) incluye la vigilancia del mercado (art. 66), el mecanismo de reclamación (art. 70), la vigilancia post-comercialización (art. 61), la notificación de incidentes graves (art. 62) y las obligaciones de importadores (art. 23), distribuidores (art. 24) y usuarios (art. 26), así como los procedimientos para sistemas de IA que presenten un riesgo (arts. 68 y 69).

extracontractual que impone la obligación de reparar el daño a quien, por un vínculo especial de dependencia, debe responder de un hecho ajeno, sin perjuicio de la acción de repetición de dicha persona contra quien verdaderamente ha ocasionado el daño, conforme al artículo 1904 CC. Los ejemplos clásicos incluyen a los padres o los tutores por los daños de sus hijos menores, los empresarios por los actos de sus empleados en el servicio, donde se presume una culpa *in eligendo* o *in vigilando*, los curadores con funciones representativas plenas; y los titulares de centros docentes por los perjuicios de alumnos menores durante el tiempo escolar, basándose también en la culpa in vigilando. En todos estos casos, la responsabilidad recae sobre quien ejerce un control o autoridad, más allá del causante directo del daño.

Algunas voces doctrinales consideran que eventualmente podría abordarse una aplicación de este artículo a los daños causados por sistemas de IA[3]. Podría argumentarse, en efecto, que los creadores, los programadores o incluso los usuarios finales de un sistema de IA tienen un deber de vigilancia o control sobre su funcionamiento. Si un daño es causado por una IA, se podría buscar una culpa *in vigilando*. No obstante, consideramos que se trata de una analogía forzada y que, dada la capacidad autónoma y de aprendizaje constante de la IA, se difumina la relación directa de supervisión y la tradicional imputación de culpa humana, lo que impediría traer a colación este artículo[4].

2. RESPONSABILIDAD DEL POSEEDOR DEL ANIMAL

A tenor del artículo 1905 CC, *el poseedor de un animal, o el que se sirve de él, es responsable de los perjuicios que causare, aunque se le escape o extravíe. Sólo cesará esta responsabilidad en el caso de que el daño proviniera de fuerza mayor o de culpa del que lo hubiese sufrido.*

La analogía se basa en la idea de que un sistema de IA, especialmente aquellos con cierto grado de autonomía (como un robot físico con IA o un software de

---

3 M. C. NÚÑEZ ZORRILLA, *Inteligencia artificial y responsabilidad civil,* Reus, Madrid, 2019, pp. 73-76, y, C. ROGEL VIDE, «Robots y personas», en *Los robots y el Derecho*, coord. C. Rogel Vide, Reus, Madrid, 2018, p. 8.

4 A. CARRASCO PERERA, «A propósito de un trabajo de Gunter Teubner sobre la personificación civil de los agentes de inteligencia artificial avanzada», en *Publicaciones Jurídicas*, CESCO, 11 de enero de 2019, p. 3, disponible en: https://centrodeestudiosdeconsumo.com/images/A_proposito_de_un_trabajo_-de_Gunter_Teubner_.pdf (u.v. 21/07/2025).

decisión automatizada), podría ser entendido, metafóricamente, como un "instrumento" bajo el control o posesión de alguien. Al igual que en el supuesto anterior, consideramos excesivamente forzada la aplicación analógica, no sólo porque vendría a contravenir el espíritu de la norma con una interpretación demasiado extensiva, sino porque la relación de causalidad que opera en el caso de los sistemas de IA es mucho más compleja.

Al margen de estos dos supuestos de aplicación de las normas del CC a la responsabilidad por los daños causados por sistemas de IA, también existen otros casos en los que una interpretación extensiva de su tenor literal conduciría al establecimiento de un sistema de responsabilidad civil[5]. No obstante, la excesiva artificialidad de la analogía, así como la necesidad de establecer mecanismos autónomos a nivel comunitario, nos llevan a interrogarnos sobre otras medidas legislativas.

IV. VÍAS LEGISLATIVAS INFRUCTUOSAS

1. LA PROPUESTA DE REGLAMENTO SOBRE RESPONSABILIDAD POR EL FUNCIONAMIENTO DE SISTEMAS DE INTELIGENCIA ARTIFICIAL

Esta propuesta de Reglamento[6], fruto de una resolución del Parlamento Europeo, establecía un sistema gradual de responsabilidad según el riesgo, de forma que los sistemas de IA calificados como "alto riesgo" estarían vinculados con un sistema de responsabilidad objetiva[7]. Este régimen de responsabilidad debía prevalecer sobre los regímenes nacionales de responsabilidad civil si había una clasificación divergente de los sistemas de IA como de responsabilidad objetiva. Esta propuesta, como veremos, fue finalmente retirada.

---

5 Ruina de edificios (arts. 1907 y 1909 CC), cosas arrojadas desde la casa (art. 1910 CC) o propietario del inmueble en el que se desarrolle la actividad peligrosa (art. 1908 CC).

6 Resolución del Parlamento Europeo, de 20 de octubre de 2020, con recomendaciones destinadas a la Comisión sobre un régimen de responsabilidad civil en materia de inteligencia artificial. Sobre esta Propuesta, *vid.* G. WAGNER, «Liability for Artificial Intelligence: A Proposal of the European Parliament», en *SSRN*, 2021, disponible en: https://ssrn.com/abstract=3886294 (u.v. 21/07/2025).

7 Un "sistema de inteligencia artificial de alto riesgo" es aquel que cumple una de estas condiciones: se trata de un producto regulado por la UE que requiere evaluación de conformidad por terceros antes de su comercialización; es un componente de seguridad en un producto regulado por la UE cuyo fallo comprometería salud o seguridad, y que también requiere evaluación de conformidad por terceros; o está listado en el anexo II (no proporcionado), y su respuesta puede causar un riesgo significativo para la salud, derechos laborales, seguridad o derechos fundamentales.

2. LA PROPUESTA DE DIRECTIVA SOBRE RESPONSABILIDAD EN MATERIA DE INTELIGENCIA ARTIFICIAL

A diferencia de la propuesta de reglamento que acabamos de mencionar, de forma paralela a la tramitación legislativa del RIA surgen dos propuestas de directivas: la Propuesta de Directiva relativa a la adaptación de las normas de responsabilidad civil extracontractual a la inteligencia artificial, y la Propuesta de Directiva (UE) 2024/2853, sobre responsabilidad por los daños causados por productos defectuosos.

La Propuesta de Directiva sobre responsabilidad en materia de IA introducía elementos de una importancia nuclear para abordar los desafíos probatorios. En primer lugar, establecía un deber de aportar información probatoria y una presunción *iuris tantum* derivada del incumplimiento de dicho deber. Para los sistemas de IA de alto riesgo, el artículo 3 de la propuesta concedía a las víctimas un derecho de acceso a la información en poder de empresas y proveedores que fuera necesaria para respaldar su reclamación, conocida como el mecanismo de "exhibición de pruebas". Se exigía a los Estados Miembros que asegurasen la facultad de los tribunales nacionales para ordenar la revelación de esta información. Si el demandado incumplía una orden judicial de exhibición o conservación de información, se presumía que había incumplido un deber de conducta, aunque esta presunción era refutable mediante prueba en contrario.

En segundo lugar, la directiva introdujo una presunción *iuris tantum* de la relación de causalidad en caso de culpa. El artículo 4 de la Propuesta de Directiva buscaba facilitar la prueba de la relación de causalidad mediante diversas presunciones refutables. Para que esta presunción operara, la culpa debía estar probada, y el deber de diligencia incumplido debía estar directamente destinado a proteger contra los daños ocurridos. Asimismo, debía ser razonablemente probable que la culpa haya influido en la información de salida del sistema de IA o en su ausencia. No obstante, la presunción no se extendía al nexo de causalidad entre la información generada por el sistema de IA y el daño producido, ya que se requería que el demandante demostrara que dicha información o su ausencia "causó los daños".

Para los sistemas de IA de alto riesgo, la presunción de causalidad se aplicaba si los proveedores o usuarios incumplían deberes específicos de la RIA. En el caso de sistemas de IA que no son de alto riesgo, la presunción solo se aplicaba cuando el tribunal nacional consideraba "excesivamente difícil" para el demandante demostrar el nexo causal, manejándose características como la autonomía y la opacidad del sistema. En todos los casos, esta presunción era refutable[8].

Sea como fuere, el 11 de febrero de 2025, la Comisión Europea anunció la retirada de la propuesta de Directiva sobre responsabilidad en materia de IA. La Comisión fundamentó oficialmente su decisión en tres razones principales. En primer lugar, la ausencia de un consenso unánime entre los Estados miembros respecto a la necesidad de una directiva específica para la IA. En segundo lugar, la consideración de una carga regulatoria excesiva, dado que el RIA ya abordaba aspectos fundamentales de seguridad. No obstante, más allá de los argumentos oficiales, se percibe una influencia sustancial de factores subyacentes, tanto de índole industrial como geopolítica. Las principales compañías tecnológicas ejercieron una intensa presión contra esta regulación, alertando reiteradamente sobre los riesgos de un marco normativo "demasiado restrictivo" en Europa. Simultáneamente, potencias como Estados Unidos y China han incrementado significativamente su inversión en el ámbito de la IA, operando bajo regulaciones considerablemente más flexibles. Esta disparidad regulatoria podría posicionar a Europa en una situación de desventaja competitiva, lo que sugiere que la retirada de la propuesta de Directiva podría responder a una compleja interacción de intereses económicos y estrategias geopolíticas.

V. LA DIRECTIVA (UE) 2024/2853, DE 23 DE OCTUBRE DE 2024, SOBRE RESPONSABILIDAD POR LOS DAÑOS CAUSADOS POR PRODUCTOS DEFECTUOSOS

Tras los infructuosos intentos por establecer un marco jurídico autónomo que regule a nivel comunitario la cuestión de la responsabilidad en los sistemas de IA, el 23 de octubre de 2024 se aprobó la DRPD.

La DRPD establece normas comunes sobre la responsabilidad de los

---

8 Para mayor profundidad, *vid.* M. MARTÍN CASALS, «Las propuestas de la Unión Europea para regular la responsabilidad civil por los daños causados por sistemas de inteligencia artificial», en *InDret*, núm. 3, 2023, pp. 21–46, disponible en: https://indret.com/wp-content/uploads/2023/07/1806.pdf (u.v. 21/07/2025).

operadores económicos por los daños sufridos por personas físicas causados por productos defectuosos con el objetivo de contribuir al correcto funcionamiento del mercado interior, a la vez que proporciona una elevada protección a los consumidores.

Se trata de una normativa que viene a sustituir a la Directiva 85/374/CEE, de 25 de julio, sobre responsabilidad por los daños causados por productos defectuosos, que, tal y como afirma el considerando 3, resultaba del todo punto ineficaz ante los avances de las nuevas tecnologías, entre las que se menciona expresamente la IA. Se trata de adaptar el régimen de responsabilidad a la economía digital y circular.

1. NOCIÓN DE PRODUCTO

La DRPD amplía significativamente su noción de "producto" en el artículo 4 abarcando ahora "cualquier bien mueble, aun cuando esté incorporado a otro bien mueble o a un bien inmueble o interconectado con estos". Esta definición incluye explícitamente la electricidad, los archivos de fabricación digital, las materias primas y los programas informáticos. Aunque los sistemas de IA no se mencionan expresamente en esta definición, el considerando 13 los integra dentro de la categoría de programas informáticos, lo que permite concluir que un sistema de IA puede ser considerado un producto en sí mismo o un componente de un producto.

Es fundamental destacar que, según esta directiva, el daño cubierto debe ser causado directamente por el producto defectuoso y no por la información que este emite. En este sentido, la información generada por plataformas como *ChatGPT* y *otros chatbots* similares no se encuentra dentro del ámbito de protección de la directiva. El propio considerando 13 establece claramente que la información no debe ser considerada un producto. Esto se debe a que la información producida por estos sistemas de IA no genera un daño directo a personas o bienes; el daño solo se materializaría si existe una intervención humana intermedia (ej.: si un chatbot proporciona un consejo de salud erróneo, el daño solo ocurriría si el usuario decide seguirlo, lo que introduce un factor mediato en la cadena causal)[9].

---

[9] J. M. MARTÍN FABA, «La Inteligencia Artificial en la nueva Directiva de responsabilidad por los daños causados por productos defectuosos ¿realidad o expectativa?», en *Revista CESCO*, núm. 53, 2025, p. 3, disponible en: https://revista.uclm.es/index.php/cesco/article/view/3648/3031 (u.v. 21/07/2025).

En contraste, si un sistema de IA está integrado en un coche autónomo y éste causa un daño, dicho perjuicio sí sería indemnizable bajo la DRPD. Algunos ejemplos de productos que podrían quedar cubiertos incluyen los coches autónomos, los robots aspiradora (ej.: Roomba), los frigoríficos inteligentes y las lavadoras que utilizan algoritmos para analizar patrones de lavado. Se prevé que la DRPD será aplicable a los productos introducidos en el mercado después del 9 de diciembre de 2026, lo que implica que, en los próximos años, numerosos productos de uso cotidiano incorporarán tecnologías de IA y, por tanto, quedarán bajo el amparo de esta directiva.

2. CARÁCTER DEFECTUOSO DEL PRODUCTO

La DRPD se fundamenta en un criterio de responsabilidad objetiva, tal como se establece en su artículo 6. Esto implica que "toda persona física que sufre daños causados por un producto defectuoso tiene derecho a una indemnización de conformidad con lo dispuesto en la Directiva".

Por su parte, el artículo 7 DRPD especifica que "un producto se considerará defectuoso cuando no ofrezca la seguridad que una persona tiene derecho a esperar y que se exige asimismo en virtud del Derecho de la Unión o nacional". El carácter defectuoso del producto se determina mediante:
- Un análisis objetivo de las expectativas que se generan en el público en general.
- Las características del producto.
- El efecto razonablemente previsible o la capacidad del producto de seguir aprendiendo o adquirir nuevas características.

Desde la óptica de la responsabilidad por daños causados por la IA, parece que el criterio de la esperabilidad introduce un elemento de imprevisibilidad, más si cabe cuando hablamos de sistemas que tienen una capacidad de aprendizaje automático. La interpretación prevista en el artículo 7 contribuye a mitigar esta indefinición, pero, a medida que la casuística se vaya introduciendo en los tribunales, este podrá ser un elemento conflictivo.

3. DAÑO CUBIERTO

Junto con la expansión del concepto de "producto", la DRPD también amplía el concepto de "daño cubierto". La directiva extiende su alcance a los daños a la salud psicológica reconocidos médicamente, así como a los daños morales en la medida en que puedan ser indemnizados conforme al Derecho nacional[10].

El artículo 6 DRPD cubre específicamente:
- Los daños personales, que incluyen la muerte y las lesiones corporales.
- Los daños a bienes distintos del propio producto que no se utilicen exclusivamente para fines profesionales. En el caso de daños al propio producto, se aplicarán las reglas de falta de conformidad, contempladas en la Directiva (UE) 2019/771, de 20 de mayo, sobre contratos de compraventa de bienes.
- La pérdida o destrucción de datos que no se utilicen con fines profesionales. Esto se refiere específicamente a datos no personales que se pierden o destruyen como consecuencia del carácter defectuoso de un producto. Para la pérdida o destrucción de datos personales, se aplicará el artículo 82 RGPD.

De este articulado es posible inferir que la mayoría de los productos que incorporan sistemas de IA quizás no tengan la potencialidad de causar directamente este tipo de daños cubiertos por la DRPD[11]. Posiblemente, el coche autónomo siga siendo el ejemplo paradigmático de un producto con IA capaz de generar los tipos de daños que la directiva busca indemnizar.

4. NEXO CAUSAL

En el ámbito de la responsabilidad por productos defectuosos, la prueba del nexo causal continúa recayendo en el perjudicado. A este respecto, el artículo 9 DRPD prevé que los Estados miembros tienen la obligación de asegurar que se exija al demandante demostrar el carácter defectuoso del producto, el daño sufrido y la conexión causal entre ambos.

No obstante, la directiva introduce mecanismos para mitigar esta carga probatoria. Cuando el demandante presenta hechos y pruebas suficientes para respaldar la verosimilitud de la demanda de indemnización, se exigirá al demandado la exhibición de las pruebas pertinentes. La no presentación de estas pruebas se

---

10 Será labor del legislador nacional decidir la calificación jurídica de los "daños a la salud psicológica" y si éste se identificará directamente con el daño moral.

11 J. M. MARTÍN FABA, «La Inteligencia Artificial... *op. cit.*, p. 5

interpreta como una presunción del carácter defectuoso del producto[12].

Esta disposición busca compensar la significativa desventaja en la que se encuentran a menudo los consumidores frente a los fabricantes en lo que respecta al acceso y la comprensión de la información sobre la fabricación y el funcionamiento de un producto, un desequilibrio que se acentúa con la complejidad técnica de los sistemas de IA. Por ello, el artículo 9 intensifica esta presunción con el siguiente tenor:

El órgano jurisdiccional nacional presumirá el carácter defectuoso del producto o el nexo causal entre su carácter defectuoso y el daño, o ambos, cuando, a pesar de la exhibición de pruebas de conformidad con el artículo 9 y teniendo en cuenta todas las circunstancias pertinentes del caso:

a) el demandante se enfrente a dificultades excesivas, en particular debido a la complejidad técnica o científica para demostrar el carácter defectuoso del producto o el nexo causal entre su carácter defectuoso y el daño, o ambos, y

b) el demandante demuestre que es probable que el producto sea defectuoso o que exista un nexo causal entre el carácter defectuoso del producto y el daño, o ambos.

VI. CONCLUSIONES

La autonomía y opacidad de los sistemas de IA plantean desafíos significativos a las reglas de responsabilidad civil existentes. En este contexto, la DRPD se erige como un pilar fundamental al establecer un régimen específico para los daños causados por la IA integrada en productos.

No obstante, la reciente retirada de la propuesta de directiva sobre responsabilidad en materia de IA deja un interrogante: ¿cómo se aborda la responsabilidad por los daños causados por sistemas de IA que no se clasifican como 'producto defectuoso' bajo la DRPD? Pensemos en un mal consejo de salud de un *chatbot* o un deficiente asesoramiento financiero que genera grandes pérdidas por parte de un sistema de IA.

---

[12] Para profundizar sobre el mecanismo de exhibición de pruebas en la directiva, *vid.* G. ORMAZÁBAL SÁNCHEZ, «La prueba en los procesos de responsabilidad civil por daños causados por sistemas de inteligencia artificial: Análisis del Derecho vigente y de las propuestas normativas de la UE», en *InDret*, núm. 3, 2024, pp. 436-438, disponible en: https://indret.com/wp-content/uploads/2024/07/1869.pdf (u.v. 21/07/2025).

Este interrogante subraya la necesidad urgente de seguir adaptando nuestro marco legal. Jurisprudencialmente, el Tribunal de Justicia de la Unión Europea tendrá un papel protagonista. Sus futuras sentencias serán clave para interpretar y delimitar los conceptos de la DRPD, revelando su verdadero alcance y las posibles lagunas que aún persisten. La IA será, sin duda, un enorme desafío en la configuración del Derecho de daños y la responsabilidad civil.

VII. BIBLIOGRAFÍA

• A. CARRASCO PERERA, «A propósito de un trabajo de Gunter Teubner sobre la personificación civil de los agentes de inteligencia artificial avanzada», en *Publicaciones Jurídicas,* CESCO, 11 de enero de 2019, disponible en: https://centrodeestudiosdeconsumo.com/images/A_proposito_de_un_trabajo_de_Gunter_Teubner_.pdf (u.v. 21/07/2025).

• M. MARTÍN CASALS, «Las propuestas de la Unión Europea para regular la responsabilidad civil por los daños causados por sistemas de inteligencia artificial», en *InDret*, núm. 3, 2023, disponible en: https://indret.com/wp-content/uploads/2023/07/1806.pdf (u.v. 21/07/2025).

• J. M. MARTÍN FABA, «La Inteligencia Artificial en la nueva Directiva de responsabilidad por los daños causados por productos defectuosos ¿realidad o expectativa?», en Revista CESCO, núm. 53, 2025, disponible en: https://revista.uclm.es/index.php/cesco/article/view/3648/3031 (u.v. 21/07/2025).

• M. C. NÚÑEZ ZORRILLA, *Inteligencia artificial y responsabilidad civil*, Reus, Madrid, 2019.

• G. ORMAZÁBAL SÁNCHEZ, «La prueba en los procesos de responsabilidad civil por daños causados por sistemas de inteligencia artificial: Análisis del Derecho vigente y de las propuestas normativas de la UE», en *InDret*, núm. 3, 2024, pp. 436-438, disponible en: https://indret.com/wp-content/uploads/2024/07/1869.pdf (u.v. 21/07/2025).

• C. ROGEL VIDE, «Robots y personas», en *Los robots y el Derecho*, coord. C. Rogel Vide, Reus, Madrid, 2018.

• G. WAGNER, «Liability for Artificial Intelligence: A Proposal of the European Parliament», en *SSRN*, 2021, disponible en: https://ssrn.com/abstract=3886294 (u.v. 21/07/2025).

ALBA CUEVAS CORTÉS

Estudiante de la XIX edición del Máster en Propiedad Intelectual, Industrial y Nuevas Tecnologías de la Universidad Autónoma de Madrid

RESUMEN: Con el auge de modelos de Inteligencia Artificial generativa cada vez más sofisticados, la convivencia de estos con la normativa de derechos de autor plantea desafíos realmente complejos. Tanto el funcionamiento como los resultados que genera la creación artística algorítmica o computacional, deben ser analizados bajo la óptica de la normativa vigente de *copyright*. Sin perjuicio de que, el TJUE resuelva próximamente la cuestión prejudicial planteada en el caso *Like Company vs. Google Ireland* y de que la *U.S. Copyright Office* publique la tercera parte de su informe sobre derechos de autor e inteligencia artificial, en este capítulo se tratan las posibles cuestiones que pueden surgir, desde la fase inicial del proceso, es decir, con el input, hasta la fase final, la generación del *output*. En lo relativo a las posibles infracciones que se puedan suscitar con los *inputs*, se analizan cuáles son estas y si pueden quedar amparadas por algún límite. De otro lado, se desarrollan los motivos que dan tanto el Registro Territorial de la Propiedad Intelectual de Madrid, como la *U.S. Copyright Office* para denegar el registro de creaciones generadas con I.A cuando la contribución humana es indetectable. Por último, se menciona la posibilidad de otorgar tutela por derechos conexos a este tipo de creaciones.

PALABRAS CLAVE: *propiedad intelectual; derechos de autor; inteligencia artificial; USCO.*

SUMARIO: I. INTRODUCCIÓN. II. POTENCIALES INFRACCIONES EN LA FASE DE *INPUT*: ANÁLISIS SOBRE MINERÍA DE TEXTOS Y DATOS. III. EL REGISTRO TERRITORIAL DE LA PROPIEDAD INTELECTUAL DE LA COMUNIDAD DE MADRID SE PRONUNCIA SOBRE LOS *OUTPUTS*. IV. LA SE PRONUNCIA SOBRE LOS *OUTPUTS*. V. DISTINTAS POSIBILIDADES DE TUTELA PARA LAS OBRAS GENERADAS POR IA. VI. CONCLUSIONES.

I. INTRODUCCIÓN

Con el auge de los modelos de Inteligencia Artificial generativa, la creación de contenido nuevo (textos, imágenes, música, dibujos…) está al alcance de un gran número de usuarios. Si bien es una herramienta que permite obtener resultados, en muchos casos, mejores que los que podría generar un humano y de forma más rápida, tanto su funcionamiento como lo que genera, plantean desafíos significativos en materia de propiedad intelectual.

Estos desafíos pueden tener su origen en los *inputs*, es decir, en el conjunto de información que la Inteligencia Artificial recibe para que, mediante técnicas de análisis computacional, pueda "aprender". También pueden tener su origen en el *output*, el resultado que el usuario obtiene a través del *prompt* (instrucciones que se dan a la herramienta de Inteligencia Artificial) que ha utilizado.

II. POTENCIALES INFRACCIONES EN LA FASE DE INPUT: ANÁLISIS SOBRE MINERÍA DE TEXTOS Y DATOS

Centrándonos en los *inputs*, en la mayoría de los casos, las obras empleadas para el *machine learning* están protegidas por derechos de autor. Esto puede suponer una infracción del *copyright* en la medida en que el almacenamiento o volcado en información en un sistema informático, así como el escaneado de textos e imágenes o la transcripción de audio son actos que, según lo previsto en el artículo 18 del texto refundido de la Ley de Propiedad Intelectual (en adelante, TRLP), afectan al derecho de reproducción. De acuerdo con esta norma: "Se entiende por reproducción la fijación directa o indirecta, provisional o permanente, por cualquier medio y en cualquier forma, de toda la obra o de parte de ella, que permita su comunicación o la obtención de copias"[1].

Teniendo esto en consideración, para que sea lícita la reproducción de las obras protegidas para el *machine learning* de una herramienta de Inteligencia Artificial generativa se deberá contar con una licencia, o que esta reproducción quede amparada por alguno de los límites previstos en la normativa europea.

Los procesos de minería de textos y datos, imprescindibles para que las herramientas de *machine learning* puedan aprender de forma autónoma, es decir, sin una programación previa, a través de la identificación de patrones, conllevan la

---

[1] Real Decreto Legislativo 1/1996, de 12 de abril, por el que se aprueba el texto refundido de la Ley de Propiedad Intelectual, regularizando, aclarando y armonizando las disposiciones legales vigentes sobre la materia, BOE núm. 97, de 22 de abril de 1996, pp. 12290-12358.

reproducción de una gran cantidad de obras. Es por este motivo que, para facilitar el desarrollo de los sistemas de Inteligencia Artificial, en la normativa europea se recoge una excepción al derecho de reproducción con fines de minería de textos y datos. En este precepto no se contemplan otros derechos patrimoniales como el de comunicación pública o transformación, pues los resultados de estos sistemas suelen diferir en gran medida de la obra original y rara vez estaremos ante la infracción de alguno de estos derechos.

El límite de minería de textos y datos se encuentra regulado en la Directiva 2019/790, sobre derechos de autor y derechos afines en el mercado único digital (en adelante, DMUD)[2]. Ahora bien, se deben distinguir dos vertientes dentro de este límite, la prevista en el artículo 3, relativa a la minería con fines de investigación y la que recoge el artículo 4, aplicable cuando los fines de la minería son comerciales. Cuando los fines sean distintos a la investigación científica el límite deja de serlo en sentido estricto, pues se convierte en una regla de carácter dispositivo para los titulares de las obras protegidas. Estos podrán optar por mecanismo de reserva u *opt-out*, por ejemplo, con la inclusión de una disposición contractual que tenga como objeto la reserva de los derechos de reproducción y extracción para fines de minería, también con una declaración unilateral que se plasme en las condiciones de uso de la página web o a través del uso de mecanismos tecnológicos de protección destinados a impedir la minería[3].

Esta práctica de exclusión explícita ha sido criticada dentro de la comunidad estadounidense, en la medida en que pone la carga de proteger sus derechos al titular de los mismos. Por este motivo, hay autores que argumentan la necesidad de adoptar un sistema de "inclusión explícita", para que solo sea posible el minado de obras sobre las que el titular ha dado su consentimiento activo, tras la negociación de la correspondiente tarifa de licencia[4].

---

2 Artículos 2, 3, 4 y 7 de la Directiva Europea de Derechos de Autor en el Mercado Único Digital (Directiva 2019/790), y en la transposición de esos artículos en la legislación española, mediante los artículos 66 y 67 del Real Decreto-Ley 24/2021.

3 G. MINERO ALEJANDRE, "Los dos límites (el obligatorio y el optativo) de minería de textos y datos", en *La Directiva de mercado único digital y su incorporación al derecho español*, coord. Pilar Cámara Águila e Ignacio Garrote Fernández-Díez, Tirant Lo Blanch, Valencia, 2024, pp. 41-78.

4 T. HEMPHILL, "Copyright protection, artistic imagery, and the adoption of responsible artificial intelligence principles", *Journal of Ethics in Entrepreneurship and Technology 4.1* (2024): 5.

Más allá del debate existente, el alcance de este límite está por determinarse, pues por primera vez, el Tribunal de Justicia de la Unión Europea tendrá que resolver una cuestión prejudicial sobre *copyright* y *chatbots*, en la que, entre otras cuestiones, el tribunal de distrito de Budapest se cuestiona si el entrenamiento de *chatbots* basados en LLM (*large language models*) se considera un acto de reproducción de las obras y, en caso de ser la respuesta afirmativa, si este acto de reproducción queda amparado por algún límite[5]. El reciente asunto C-250/25, *Like Company v. Google Ireland Limited*, se origina porque *Like Company*, una editorial de noticias húngara, alega que *Gemini*, el *chatbot* de *Google*, ha estado infringiendo de forma sistemática el derecho de reproducción de sus obras para el entrenamiento de la máquina y el derecho de puesta a disposición, en la medida en que los resultados que proporcionaba el *chatbot* contenían elementos sustanciales de las obras originales. El usuario preguntaba a *Gemini* sobre una noticia y el sistema le devolvía un resumen de la misma basándose en lo que *Like Company* había publicado. *Google Ireland* alega que tanto el entrenamiento de *Gemini* como los resultados que proporciona no suponen ninguna infracción de los derechos que el artículo 15 DMUD otorga a los editores de prensa, pues argumenta que aplicaría tanto el límite del artículo 4 DMUD como el que recoge el artículo 5.1 de la Directiva 2001/29/CE.

Sin perjuicio de atenerse a lo que resuelva el TJUE en este caso, la aplicación de este último límite, pensado para el uso de la obra de forma temporal, tiene una difícil cabida cuando se trata de procesos de minería, teniendo en consideración las aclaraciones que el TJUE ha hecho sobre el mismo en resoluciones anteriores. La excepción que recoge el artículo 5.1 de la Directiva 2001/29/CE está pensada para reproducciones de la obra que sean temporales y cuyo único objetivo es la transmisión de obras entre terceros a través de un intermediario. La doctrina del TJUE establece que estas reproducciones transitorias, no pueden tener un fin autónomo e independiente en relación con el proceso tecnológico en el que se integran. Consecuentemente y, atendiendo a la propia definición de la minería que busca extraer el valor de los contenidos que se analizan, este proceso, supone una explotación económica independiente y, por lo tanto, difícilmente sería de aplicación este límite[6].

---

5 Asunto C-250/25, Like Company v. Google Ireland Limited, cuestión prejudicial planteada por el Budapest Környéki Törvényszék (Hungría), DOUE C/2025/3039, de 10 de junio de 2025, pp. 12-17.
6 G. MINERO ALEJANDRE, "Los dos límites (el obligatorio y el optativo) de minería de textos y datos", *opus cit.*, pp. 109-111.

Una vez aclarada esta cuestión, en los siguientes apartados, se tratarán los desafíos que plantean los outputs, principalmente, si los resultados que se obtienen a través de las instrucciones que se introducen en el sistema de Inteligencia Artificial Generativa (*prompts*) pueden gozar de protección por derechos de autor.

III. EL REGISTRO TERRITORIAL DE LA PROPIEDAD INTELECTUAL DE LA COMUNIDAD DE MADRID SE PRONUNCIA SOBRE LOS OUTPUTS

El Registro Territorial de la Propiedad Intelectual de la Comunidad de Madrid se ha pronunciado sobre esta cuestión. Concretamente, el 23 de enero de 2023 denegó el registro de "Iris",primera novela escrita por inteligencia artificial. Asimismo, el 2 de enero del mismo año, denegó el registro de "The Art of the Artificial Intelligence", una fotografía también generada por esta tecnología. . Resulta de gran interés la fundamentación que da la oficina para justificar la denegación de ambos registros, bajo la normativa española.

En primer lugar, se centra en los requisitos legales para el nacimiento de los derechos de autor. De acuerdo con el artículo 10 TRLPI, son objeto de propiedad intelectual, todas las creaciones originales (literarias, artísticas...) expresadas por cualquier medio, estableciendo de este modo que el objeto susceptible de protección por derechos de autor es la expresión original. Ahora bien, este precepto debe entenderse a la luz del artículo 1 TRLPI, sobre el hecho generador, siendo la obra propiedad del autor por el simple hecho de su creación y, en base al artículo 5 TRLPI, que otorga la condición de autor a la persona natural que crea alguna obra literaria, artística y científica. En definitiva, el derecho de autor nace con la expresión original de una persona natural.

Adentrándonos en el primer requisito, tal y como ha establecido en varias ocasiones el TJUE, será original la "creación propia de su autor que refleje su personalidad, manifestando decisiones libres y creativas". Por ende, quedan fuera las creaciones sujetas a exigencias técnicas que impiden la libertad creativa, tal y como se vio en los asuntos *Infopaq*[7] y *Cofemel*[8]. En cuanto a la creación humana, la doctrina

---

7 Sentencia del Tribunal de Justicia de la Unión Europea (Sala Cuarta) de 16 de julio de 2009, asunto C-5/08, Infopaq *International A/S y Dans- ke Dagblades Forening*, ECLI:EU:C:2009:465 (TOL 2.164.088).

8 Sentencia del Tribunal de Justicia de la Unión Europea (Sala Tercera) de 12 de septiembre de 2019,

sostiene en lo relativo al artículo 5 de la TRLPI que el objetivo de la norma es negativo, es decir, excluir de la condición de autor, siquiera por asimilación, a quien no realiza un acto de creación.

De otro lado, el registro recuerda que la normativa de propiedad intelectual protege las expresiones pero no las ideas, procedimientos, métodos de operación o conceptos matemáticos en sí. Las ideas son imprecisas, por lo que delimitar el objeto de protección resulta muy complicado y, además, si hubiese un derecho de exclusiva sobre las mismas, estaríamos ante un obstáculo para la innovación, el progreso y el avance de la sociedad.

La oficina también considera relevante el nivel de participación del solicitante en la generación de los textos presentados, es decir, la intervención humana que ha habido en la obra, pues se debe comprobar si la misma es susceptible de autoría intelectual y si se podría efectuar el correspondiente registro.

En el caso de la novela "Iris", para la cual se deniega el registro, la participación del solicitante únicamente consistió en la creación de la idea inicial del relato, la elaboración de preguntas, ordenar la información para darle coherencia y correcciones gramaticales. Sin embargo, la actuación de *ChatGPT* había sido más significativa, pues generó contenido realmente original como la invención de personajes, nombres, hechos, acontecimientos, diálogos, tramas... Tal y como expone el registro, el uso de herramientas técnicas no impide el nacimiento de derechos de autor. Sin embargo, estas herramientas deben permitir que el autor tome decisiones libres y creativas. Es decir, debe haber originalidad suficiente en el *prompt*, en lo que está aportando el usuario. Para que se cumpla este requisito, cuanto más detalladas y precisas sean las instrucciones proporcionadas a la solución de IA sobre los elementos formales del resultado, menos espacio queda para la ejecución creativa de la máquina, permitiendo observar que la labor de esta es esencialmente mecánica y carece de toda originalidad. Si la IA genera resultados aleatorios e imprevisibles, la originalidad del usuario es mínima, no ha habido espacio para que pueda expresar su personalidad, pues sus decisiones no han sido ni libres ni creativas. Es por este motivo que, para la obra literaria "Iris" generada con inteligencia artificial, el Registro niega que haya

Cofemel – Sociedade de Vestuário, S.A. contra G-Star Raw CV, asunto C-683/17, ECLI:EU:C:2019:721.

originalidad suficiente en la intervención del usuario para que la misma pueda ser protegida por derechos de autor. Concluye que, a pesar de que se podría reconocer cierta originalidad en las aportaciones del solicitante, al fundirse las mismas con lo generado por la IA, estas no serían susceptibles de registro, al ser imposible determinar con exactitud cuáles fueron las aportaciones humanas. Argumenta que, de lo contrario, el registro estaría publicando una realidad inexacta.

En lo relativo a la denegación del registro de una fotografía, además de los argumentos expuestos, el Registro hace una puntualización de lo que se considera obra fotográfica en base al artículo 10.1 TRLPI, "obras fotográficas y las expresadas por procedimiento análogo a la fotografía". Según la RAE *la fotografía es una técnica a través de la que se obtienen imágenes bidimensionales, fijas de la realidad, a través de la impresión de la luz sobre una superficie sensible o sobre un sensor*. Las imágenes creadas con inteligencia artificial no se han generado a través de este proceso. Trayendo a colación lo dispuesto anteriormente sobre el nacimiento de derechos de autor, para el caso de la fotografía generada con IA, también se deniega el registro, en tanto en cuanto la participación del solicitante consistió únicamente en dar órdenes o instrucciones a la máquina, que careciendo estas de precisión, dejaron un amplio margen de maniobra al sistema, el cual generó unos resultados aleatorios e imprevisibles que no reflejaban las decisiones libres y creativas de la persona natural.

El Registro Territorial de la Propiedad Intelectual de la Comunidad de Madrid no ha sido el único en rechazar el registro de obras generadas por IA.

IV. LA *U.S. COPYRIGHT OFFICE* SE PRONUNCIA SOBRE LOS *OUTPUTS*

Al igual que el Registro Territorial de la Propiedad Intelectual de la Comunidad de Madrid, la *Copyright Office* estadounidense también se ha pronunciado sobre los requisitos que deben cumplirse para que las obras generadas con inteligencia artificial puedan gozar de protección por el *copyright*. A lo largo de este apartado, trataremos los casos más relevantes sobre derechos de autor e inteligencia artificial en Estados Unidos.

Uno de los casos más paradigmáticos es el de la imagen "*A Recent Entrance to Paradise*", que fue generada por un sistema de inteligencia artificial generativa ("la Máquina de la Creatividad"), propiedad de Steven Thaler, y que él mismo trató de registrar como único autor de esta creación. La *Copyright Office*, tanto inicialmente como en sede de revisión, denegó el registro, argumentando que la autoría humana es un requisito indispensable para que se conceda el *copyright* y la inscripción. De acuerdo con la jurisprudencia estadounidense y el *U.S. Copyright Office Compendium Practices*, el requisito de la creatividad humana es indispensable para otorgar protección por el *copyright*. Además, de la Constitución no se extrae que el legislador debe proteger cualquier creación por derechos de autor, sino que se debe otorgar esta protección en función de los objetivos que persiguen los derechos de autor, que vendrán determinados por la normativa vigente, es decir, la *Copyright Act*. De este modo, será lícita toda denegación de registro que se base en la ausencia de autoría humana, tal y como ilustra el caso *Naruto vs Slater*[9], en el que se deniega el registro de una fotografía tomada por un chimpancé[10].

Una decisión similar fue la de la USCO *Review Board* de 5 de septiembre de 2023[11], en la que se deniega el registro de la obra ganadora del premio de artes digitales de la Feria Estatal de Colorado en 2022, *Théâtre D'opéra Spatial*. A pesar de los grandes esfuerzos de Jason M. Allen, quien se atribuía la autoría, tras haber empleado en su proceso creativo más de 624 prompts en Midjourney y usar otras herramientas como *Photoshop o Gigapixel*, la oficina consideró que la obra no podía ser registrada al completo. Sólo admitía el registro para las partes realizadas con la herramienta de *photoshop*, pues para las demás, no se había alcanzado el mínimo de creatividad humana.

Asimismo, la USCO *Review Board*, en su decisión de 11 de diciembre de 2023[12], vuelve a rechazar el registro de una creación asistida por esta tecnología, en

9 United States Court of Appeals for the Ninth Circuit, *Naruto v. Slater*, No. 16-15469, sentencia de 23 de abril de 2018, ECLI:US:CA9:2018:15469.

10 G. MINERO ALEJANDRE, "Inteligencia artificial generativa, las directrices de la Copyright Office estadounidense de marzo de 2023 y la resolución de 2024 de la Association Littéraire Et Artistique Internationale sobre el registro y la protección de obras generadas empleando esta tecnología", en *Nuevas tecnologías, inteligencia artificial, algoritmos y justicia*, A. Rodríguez Álvarez (Dir.), Dykinson, Madrid, 2025, pp. 25-27.

11 UNITED STATES COPYRIGHT OFFICE, Review Board, "Re: Second Request for Reconsideration for Refusal to Register Théâtre D'opéra Spatial", 5 de septiembre de 2023, pp. 1-9.

12 UNITED STATES COPYRIGHT OFFICE, Review Board, "Re: Second Request for Reconsideration for Refusal to Register SURYAST", 11 de diciembre de 2023, pp. 1-7

concreto, el sistema RAGHAV. La fotografía *Suryast*, producto del procesamiento por parte de esta tecnología a partir de una fotografía previa, tampoco pudo ser registrada, en este caso, en régimen de coautoría tal y como reclamaba el autor. El motivo central de la denegación del registro es que en la adaptación de la fotografía original del Sr. Sahni al estilo de la noche estrellada de Van Gogh era imposible distinguir el aporte humano del de la máquina. Por lo tanto, tampoco serían susceptibles de registro las fotografías con el estilo de Studio Ghibli que estamos viendo últimamente por redes sociales.

Sin embargo, la *U.S. Copyright Office* ha establecido que el hecho de que una creación haya sido asistida por una herramienta de inteligencia artificial, no implica la denegación automática del registro, siendo posible el mismo cuando se pueda identificar con precisión el aporte humano creativo. Un ejemplo de concesión parcial de registro es el del cómic *Zarya of the Down*[13], pues se deniega el registro individual de las imágenes por considerarse que detrás del proceso creativo estaba únicamente *midjourney*, pero se admite el registro del texto, la maquetación y la selección del mismo, al considerarse que había suficiente intervención humana por parte de su autora, Kristina Kashtanova[14].

Este caso no ha sido el único de registro parcial de obras asistidas por mecanismos de inteligencia artificial. De hecho, desde la publicación de la USCO *"Copyright Registration Guidance: Works Containing Material Generated by Artificial Intelligence"*, conocida como la *"AI Registration Guidance"*, publicada el 16 de marzo de 2023[15], han sido numerosos los registros de esta naturaleza. No obstante, para finalizar este apartado sobre el panorama estadounidense, trataré la información relevante contenida en la Parte II del *Report on Copyright and Artificial Intelligence* emitido con fecha de 29 de enero de 2025, con el título *"Copyrightability"*[16].

---

13 UNITED STATES COPYRIGHT OFFICE, Review Board, "Re: Second Request for Reconsideration for Refusal to Register Zarya of the Dawn", 21 de febrero de 2023, pp. 1-10.

14 R. EVANGELIO LLORCA, "Resultados generados con intervención de sistemas de inteligencia artificial y su protección (o no) por la propiedad intelectual", Cuadernos de Derecho Privado, (2024): 122-124.

15 UNITED STATES COPYRIGHT OFFICE, "Copyright Registration Guidance: Works Containing Material Generated by Artificial Intelligence." U.S. Copyright Office, 16 mar. 2023, https://www.copyright.gov/ai/ai_guidance.pdf.

16 UNITED STATES COPYRIGHT OFFICE, Copyright and Artificial Intelligence. Part 2: Copyrightability, 29 de enero de 2025, pp. 1-48, accesible en:

En primer lugar, la USCO sostiene que no es necesaria una modificación legislativa, las cuestiones que se suscitan entre los derechos de autor y la Inteligencia artificial, pueden resolverse conforme a la normativa vigente. Por otro lado, afirma que no se denegará el registro de todas las creaciones en las que haya participado en el proceso creativo una herramienta de inteligencia artificial. Se tendrá que hacer una valoración caso por caso, atendiendo al nivel de contribución humana. Asimismo, contempla la posibilidad de que la protección por *copyright* se extienda y trate de adaptarse a la nueva era digital. La complejidad de esta adaptación es que cada vez los sistemas de inteligencia artificial son más complejos e imprevisibles, siendo posible que con un mismo *prompt* se obtengan resultados distintos. Esta aleatoriedad en los resultados hace que identificar el aporte humano sea una tarea realmente compleja. El requisito de autoría humana que el Tribunal Supremo viene interpretando como imprescindible en base a la Constitución y la Copyright Act, no se cumple con la simple introducción de *prompts*, pues son ideas o concepciones sobre las que el usuario no tiene el control de su expresión original, cuya ejecución se llevará a cabo por la inteligencia artificial. Por otro lado, se menciona la teoría de la adopción, en base a la cual el usuario que elige entre distintos outputs está ejerciendo un juicio creativo, teoría que la USCO también rechaza.

Ahora bien, la USCO señala que la protección por *copyright* sí será posible sobre sus obras empleadas como *inputs* que se puedan identificar dentro de los *outputs* generados por la máquina. Del mismo modo, también gozarán de esta protección los actos de selección, coordinación o disposición originales, o la posterior edición de los *outputs*[17].

V. DISTINTAS POSIBILIDADES DE TUTELA PARA LAS OBRAS GENERADAS POR IA

Los desafíos que se plasman en este trabajo acerca de la posibilidad de otorgar protección por derechos de autor o conexos a creaciones en las que haya intervenido una herramienta de inteligencia artificial no son muy distintos a los que en su momento surgieron con las cámaras fotográficas o las obras de arte contemporáneo.

/https://www.copyright.gov/ai/Copyright-and-Artificial-Intelligence-Part-2-Copyrightability-Report.pdf.
17 G. MINERO ALEJANDRE, "Algunas Reflexiones sobre el Copyrightability Report de la US Copyright Office." Blog CIPI, 12 mar. 2025, accesible en https://blog.cipi.es/blog2-nntt/item/264-algunas-reflexio-nes-sobre-el-copyrightability-report-de-la-us-copiright-office (último acceso: 17 de julio de 2025).

Esto se debe a que, el proceso creativo puede conllevar un gran esfuerzo a pesar de que se empleen herramientas técnicas que lo faciliten. Consecuentemente, como hemos visto a lo largo de estas páginas, cada vez son más los usuarios o empresas que piden protección por *copyright* para las creaciones generadas con herramientas de inteligencia artificial, por lo que resulta conveniente plantear distintas posibilidades de tutela[18].

En primer lugar, el sistema de inteligencia artificial creado por seres humanos queda protegido como programa de ordenador, siempre que se cumpla con el requisito de originalidad. Sin embargo, el algoritmo toma decisiones autónomas que no han sido preconfiguradas por la persona física que ha programado el sistema. El hecho de que los resultados sean generados de forma independiente e imprevisible por la máquina, sin que intervenga en el proceso creativo una persona física o un grupo de autores personas físicas, es el problema central que se plantea al hablar de la posible protección de la que podría gozar un contenido generado por inteligencia artificial[19].

Mientras que los derechos de autor protegen las expresiones originales de una persona natural, los derechos conexos buscan premiar el esfuerzo, ya sea físico, como el trabajo (artistas, intérpretes o ejecutantes), ya sea económico, como la inversión (fabricante de bases de datos). Teniendo esto en cuenta, la primera posibilidad de tutela que se plantea es a través de un derecho sui generis similar al del fabricante de bases de datos. Esto se debe a que detrás de un sistema de inteligencia artificial hay una persona física o grupo de personas físicas que se agrupan bajo la figura de una persona jurídica y se encargan de tomar la iniciativa e invertir en la creación. Al igual que se reguló esta misma casuística para las bases de datos con el derecho sui generis del fabricante, se podría hacer lo mismo para regular un posible derecho afín, de nueva creación, que persiga el objetivo de remunerar la iniciativa y el esfuerzo económico de la persona o grupo de personas que deciden utilizar un sistema de inteligencia artificial para un proceso creativo.

---

18 G. MINERO ALEJANDRE, "Inteligencia artificial y propiedad intelectual", en Derecho, nuevas tecnologías e Inteligencia Artificial, Ana Rodríguez Álvarez (dir.), Dykinson, Madrid, 2024, ISBN 978-84-1122-855-8, págs. 87.
19 G. MINERO ALEJANDRE, "Inteligencia artificial generativa, las directrices de la Copyright Office estadounidense de marzo de 2023 y la resolución de 2024 de la Association Littéraire Et Artistique Internationale sobre el registro y la protección de obras generadas empleando esta tecnología", cit., p. 24.

Por otro lado, se ha llegado a plantear la posibilidad de que estas creaciones encajen en el supuesto de obra colectiva reconocido en el artículo 8 del TRLPI, que concede la titularidad del derecho de autor sobre el conjunto de la obra colectiva, salvo en pacto en contrario, al sujeto que coordinó e hizo una inversión sustancial en el proceso creativo. A pesar de que es, en principio, la figura que mejor describe la realidad fáctica y legal que existe tras un proceso creativo en el que intervienen un conjunto de sujetos, junto con un sistema de IA, en el caso de la obra colectiva también se exige que exista intervención humana creadora, por lo que la extensión del concepto de obra colectiva tampoco casa a la perfección.

Se plantean estas posibilidades porque recordemos que nuestro ordenamiento no contempla la posibilidad de que una máquina goce de personalidad o autoría, pues al carecer de autoconciencia no puede ser sujeto de derechos, ni de obligaciones[20].

VI. CONCLUSIONES

Las herramientas de inteligencia artificial ya no son únicamente herramientas de asistencia técnica, capaces de recrear, entre otras funciones, estilos artísticos con meras reproducciones de la obra original, tal y como ocurrió con *The Next Rembrandt*. Con los avances en *machine learning*, el procesamiento de obras concede resultados cada vez más imprevisibles. Es por esta razón que se habla de creación artística computacional, sintética o algorítmica, pues el margen de maniobra de la máquina es inmenso.

A pesar de esta situación, bajo el marco normativo actual, el requisito de aportación humana sigue siendo un requisito indispensable para otorgar protección por derechos de autor. Ante esta situación, las creaciones generadas por inteligencia artificial se sitúan todavía en un campo de inseguridad jurídica. De hecho, hay estudios que afirman que el progreso tecnológico no va acompañado del progreso legal. Este problema queda reflejado, incluso, a través de encuestas, de las que se extrae la necesidad urgente de modernizar la normativa a la era tecnológica actual[21].

---

20 G. MINERO ALEJANDRE, "Inteligencia artificial y propiedad intelectual", *cit.*, págs. 87-92.
21 C. WATIKTINNAKORN, J. SEESAI y C. KERDVIBULVECH, "Blurring the lines: How AI is redefining artistic ownership and copyright", *Discover Artificial Intelligence* 3.1 (2023): 37.

En definitiva, con la resolución de la cuestión prejudicial planteada ante el TJUE en el caso *Like Company v. Google Ireland* y la tercera parte del informe de la USCO, esperamos tener más certeza y seguridad jurídica en lo relativo a los sistemas de inteligencia artificial generativa y su convivencia con los derechos de autor. Concretamente, estas decisiones aportarán claridad sobre las posibles infracciones en materia de *copyright* que pueden surgir con los entrenamientos de los sistemas de inteligencia artificial. Hasta entonces, los autores tendrán que optar por mecanismos de *opt-out* para evitar posibles infracciones. Por el momento y en tanto no se modifique la normativa actual, las creaciones asistidas por inteligencia artificial requieren de una contribución humana significativa para ser protegibles por derechos de autor.

VII. BIBLIOGRAFÍA

• R. EVANGELIO LLORCA, "Resultados generados con intervención de sistemas de inteligencia artificial y su protección (o no) por la propiedad intelectual", *Cuadernos de Derecho Privado* (2024).

• T. HEMPHILL, "Copyright protection, artistic imagery, and the adoption of responsible artificial intelligence principles", *Journal of Ethics in Entrepreneurship and Technology* 4.1 (2024): 5.

• G. MINERO ALEJANDRE, "Algunas Reflexiones sobre el Copyrightability Report de la US Copyright Office", *Blog CIPI*, 12 mar 2025, https://blog.cipi.es/blog2-nntt/item/264-algunas-reflexiones-sobre-el-copyrightabilit y-report-de-la-us-copiright-office

• G. MINERO ALEJANDRE, "Inteligencia artificial generativa, las directrices de la Copyright Office estadounidense de marzo de 2023 y la resolución de 2024 de la Association Littéraire Et Artistique Internationale sobre el registro y la protección de obras generadas empleando esta tecnología", en *Nuevas tecnologías, inteligencia artificial, algoritmos y justicia*, A. Rodríguez Álvarez (Dir.), Dykinson, Madrid, 2025.

• G. MINERO ALEJANDRE, "Inteligencia artificial y propiedad intelectual", en *Derecho, nuevas tecnologías e Inteligencia Artificial*, Ana Rodríguez Álvarez (dir.), Dykinson, Madrid, 2024.

• G. MINERO ALEJANDRE, "Los dos límites (el obligatorio y el optativo) de minería de textos y datos", en *La Directiva de mercado único digital y su incorporación al derecho español*, coord. Pilar Cámara Águila e Ignacio Garrote

Fernández-Díez, Tirant Lo Blanch, 2024, Valencia.

• C. WATIKTINNAKORN, J. SEESAI y C. KERDVIBULVECH, "Blurring the lines: How AI is redefining artistic ownership and copyright", *Discover Artificial Intelligence* 3.1 (2023): 37

VIII. JURISPRUDENCIA Y OTROS DOCUMENTOS
1. UNIÓN EUROPEA

• Sentencia del Tribunal de Justicia de la Unión Europea (Sala Cuarta) de 16 de julio de 2009, asunto C-5/08, *Infopaq International A/S y Danske Dagblades Forening*, ECLI:EU:C:2009:465.

• Sentencia del Tribunal de Justicia de la Unión Europea (Sala Tercera) de 12 de septiembre de 2019, *Cofemel – Sociedade de Vestuário, S.A. contra G-Star Raw CV*, asunto C 683/17, ECLI:EU:C:2019:721.

• Cuestión prejudicial planteada por el Budapest Környéki Törvényszék (Hungría) en el asunto C-250/25, *Like Company v. Google Ireland Limited*, DOUE C/2025/3039, de 10 de junio de 2025, pp 12-17.

2. ESTADOS UNIDOS

• United States Court of Appeals for the Ninth Circuit, Naruto v. Slater, No 16-15469, sentencia de 23 de abril de 2018, ECLI:US:CA9:2018:15469.

• UNITED STATES COPYRIGHT OFFICE, Copyright and Artificial Intelligence. Part 2: Copyrightability, 29 de enero de 2025, pp 1-48, accesible en https://www.copyright.gov/ai/Copyright-and-Artificial-Intelligence-Part-2-Copyrightability-Report.pdf

• UNITED STATES COPYRIGHT OFFICE, "Copyright Registration Guidance: Works Containing Material Generated by Artificial Intelligence.", 16 de marzo de 2023, https://www.copyright.gov/ai/ai_guidance.pdf

• UNITED STATES COPYRIGHT OFFICE Review Board, "Re: Second Request for Reconsideration for Refusal to Register SURYAST", 11 de diciembre de 2023, pp 1-7.

• UNITED STATES COPYRIGHT OFFICE Review Board, "Re: Second Request for Reconsideration for Refusal to Register Théâtre D'opéra Spatial", 5 de septiembre de 2023, pp 1-9.

• UNITED STATES COPYRIGHT OFFICE Review Board, "Re: Second Request for Reconsideration for Refusal to Register Zarya of the Dawn", 21 de febrero de 2023, pp 1-10.

III. EL IMPACTO DE LOS DEEPFAKES EN LOS DERECHOS DE PROPIEDAD INTELECTUAL Y LOS DERECHOS DE IMAGEN DE LOS ARTISTAS

Cristina FERNÁNDEZ SANTOS y Sandra GONZÁLEZ TURRIÓN

Estudiantes de la I edición del Máster en Contratación Digital e Inteligencia Artificial de la Universidad Autónoma de Madrid

RESUMEN: Este trabajo analiza el impacto que tienen los *deepfakes* sobre los derechos de propiedad intelectual y los derechos de imagen de los artistas. Se analiza cómo esta tecnología puede vulnerar derechos patrimoniales y morales, así como el control que las personas tienen sobre su propia imagen y voz. El estudio profundiza en los problemas derivados de su uso no consentido, especialmente en contextos como el entretenimiento, la pornografía y la manipulación mediática. Asimismo, se abordan las principales excepciones legales, la normativa nacional e internacional existente y los esfuerzos legislativos recientes para frenar los usos indebidos que se hacen de esta tecnología. Finalmente, se subraya la importancia de la alfabetización digital —especialmente en menores— como vía preventiva ante los riesgos éticos, sociales y jurídicos que plantea esta tecnología emergente.

PALABRAS CLAVE: *Deepfakes*, propiedad intelectual, derechos de imagen, derechos patrimoniales, derechos morales.

SUMARIO: I. INTRODUCCIÓN. II. IMPACTO EN LOS DERECHOS DE PROPIEDAD INTELECTUAL. 1. CONTEXTO ACTUAL: ACCESIBILIDAD Y PROLIFERACIÓN DE *DEEPFAKES*. **2.** DERECHOS PATRIMONIALES AFECTADOS. **3.** DERECHOS MORALES AFECTADOS. **4.** EXCEPCIONES. **III. IMPACTO EN LOS DERECHOS DE IMAGEN. 1.** PROTECCIÓN EN PERSONAS VIVAS Y FALLECIDAS. **2.** LA IMAGEN O VOZ COMO DATO PERSONAL. **3.** EXCEPCIONES. **4.** *DEEPFAKES* UTILIZADOS CON FINES PORNOGRÁFICOS. **4.1.** *EL CASO ATRIOC*. **IV. REGULACIONES RECIENTES Y ESFUERZOS POR COMBATIR ESTE FENÓMENO. V. CONCLUSIONES. VI. BIBLIOGRAFÍA.**

I. INTRODUCCIÓN AL OBJETO DE ESTUDIO

Si las personas somos una mezcla de luces y sombras, la tecnología, como instrumento, también puede llegar a serlo[1]. Esta referencia de Telefónica es una manera filosófica de entender la inteligencia artificial (IA), ya que una de sus sombras sería los *deepfakes*, aunque también pueden ser usados con finalidades legítimas.

El término *deepfake* surgió en 2017, cuando en la página web Reddit, un usuario desarrolló un algoritmo de aprendizaje automático, basado en *deep learning,* que colocaba las caras de personas famosas, como Taylor Swift o Natalie Portman, sobre el cuerpo de actrices porno, generando una comunidad de seguidores de 900.000 miembros.

Combina la palabra «*fake*» (falso) y la palabra «*deep*» (*deep learning* o aprendizaje profundo), siendo un subconjunto de *machine learning* (aprendizaje automático). Los modelos basados en *machine learning* necesitan datos de entrada estructurados y etiquetados para obtener resultados precisos, a diferencia de los modelos *deep learning* que permiten a través de datos brutos y no estructurados, extraer las características, funciones y relaciones, obteniendo resultados precisos.

Esta tecnología está basada en las redes neuronales generativas antagónicas (GAN, en inglés). Una GAN es una clase de algoritmo de IA que está compuesta por dos redes neuronales que compiten entre sí: un generador que crea el contenido falso y un discriminador que trata de distinguir si el contenido es real o falso[2]. Con ello conseguimos que cuantas más imágenes, audios o vídeos introduzcamos en la GAN, más perfecta se volverá la red generadora, haciendo más complicada la detección del contenido falso por parte de la red discriminadora.

En otras palabras, los *deepfakes* son un contenido de imagen, audio o vídeo generado o manipulado por una IA que se asemeja a personas, objetos, lugares, entidades o sucesos reales y que puede inducir a una persona a pensar erróneamente que son auténticos o verídicos (art. 3.60 Reglamento 2024/1689, sobre IA).

---

1 TELEFÓNICA, «Tecnología "deep fake": más allá de la realidad, de la ciberseguridad y de la vida y la muerte», en *Blog Telefónica*, 2 de febrero de 2022, disponible en:
https://www.telefonica.com/es/sala-comunicacion/blog/tecnologia-deep-fake-mas-alla-de-la-realidad-de-la-ciberseguridad-y-de-la-vida-y-la-muert (u.v. 07/06/2025).
2 ULTRALYTICS, «Deepfakes, Discover the technology, applications, and ethical concerns of deepfakes, from entertainment to misinformation. Learn detection and AI solutions», en *Blog Ultralytics*, disponible en: https://www.ultralytics.com/es/glossary/deepfakes (u.v. 07/06/2025).

No todos los usos que podemos hacer de esta tecnología son ilegítimos. En el mundo del cine y de la música sus usos son muy diversos. En concreto, en el mundo del cine, se ha permitido seguir utilizando la imagen de actores fallecidos durante el rodaje, lo que ha beneficiado la finalización de ciertas producciones. (ej.: en la última película de la saga Star Wars, ya que la actriz Carrie Fisher, que interpretaba a la princesa Leia, había fallecido durante el rodaje). En el ámbito musical, los *deepfakes* han sido utilizados para crear colaboraciones ficticias entre artistas (ej.: la canción «Heart on my sleeve», publicada en 2023 por un creador anónimo bajo el nombre Ghostwriter 977, en la que se volvió viral en redes sociales y plataformas de streaming antes de ser retirada por cuestiones legales relacionadas con derechos de autor).

II. IMPACTO EN LOS DERECHOS DE PROPIEDAD INTELECTUAL

1. CONTEXTO ACTUAL: ACCESIBILIDAD Y PROLIFERACIÓN DE *DEEPFAKES*

En un inicio, los *deepfakes* requerían grandes cantidades de datos de entrenamiento, por lo que las celebridades eran objetivos comunes debido a la gran cantidad de material audiovisual disponible en internet, lo que facilitaba la recreación de datos necesarios para replicar con precisión sus rasgos faciales, gestos y voces. Sin embargo, los avances tecnológicos han logrado reducir significativamente la cantidad de datos requeridos para generar imitaciones realistas, permitiendo su creación a partir de una cantidad relativamente pequeña de imágenes o grabaciones.

Aunque muchas aplicaciones para consumidores emplean esta tecnología con fines de entretenimiento, la creciente accesibilidad de esta herramienta ha llevado a su uso con fines malintencionados. Y esto, desde el punto de vista legal, plantea múltiples desafíos en relación con los derechos de propiedad intelectual y derechos conexos. Para comprender su impacto, es necesario analizar cómo se cruzan con los derechos de los actores y cantantes en el ámbito audiovisual y musical.

2. DERECHOS PATRIMONIALES AFECTADOS

Los derechos que van a verse comprometidos al crear un *deepfake* van a ser los de los artistas, intérpretes o ejecutantes que sirven de base, es decir, aquellos cuyas voces, imágenes o actuaciones originales son utilizadas para generar el contenido falso. Es importante proteger el esfuerzo que realizan para llevar a cabo la interpretación. Asimismo, se debe considerar al artista que aparece en el *deepfake*, que también debe ser protegido, ya que representa su identidad y persona.

Los artistas intérpretes o ejecutantes (AIE) poseen derechos patrimoniales sobre sus actuaciones, reconocidos tanto a nivel internacional (Convención de Roma de 1961, Tratado de la OMPI) sobre Interpretación o Ejecución y Fonogramas; como en la Unión Europea (Directiva 2006/115) y España (arts. 105 a 113 de la LPI).

El proceso de creación de un *deepfake* se compone de dos fases: un *input*, que consiste en introducir los datos en el sistema para obtener el contenido falso, y un *output*, que es el *deepfake* como resultado. En cada una de estas fases se van comprometiendo diferentes derechos.

En el *input*, se vulneran dos derechos. En primer lugar, el derecho de fijación, que consiste en autorizar o prohibir que la interpretación o actuación sea grabada en un soporte físico o digital. En segundo lugar, el derecho de reproducción, al introducir imágenes, vídeos o audios de una persona en un sistema de IA sin su autorización, implicando así la realización de copias de sus interpretaciones o ejecuciones.

Una vez creado el *deepfake* pueden quedar comprometidos los derechos de distribución (art. 109 LPI) y comunicación pública (art. 108 LPI)[3]. El derecho de distribución consiste en poner a disposición del público el original o copias de la obra en un objeto tangible (por ejemplo, un CD)[4]. En segundo lugar, el derecho de comunicación pública es el derecho por el cual a través de cualquier acto se lleva a que una pluralidad de personas tenga acceso a la obra sin una previa distribución de esta (salvo que sea el mismo actor el de base que el que aparece en el *deepfake*)[5].

3 LÓPEZ MAZA, S., «Los efectos de la tecnología *deepfake* en los derechos de los cantantes y de los actores», en *Derecho privado y tecnología*, dirs. P. Cámara Águila y A. Agüero Ortiz, Aranzadi, 2025, consultado en Aranzadi La Ley Legalteca.
4 SAFE CREATIVE, «¿Qué es el derecho de distribución?», en *Blog Tips - Información de Propiedad Intelectual, Derechos de Autor, Marcas y Copyright*, 28 de abril de 2024, disponible en: https://www.safe-creative.org/tips/es/que-es-el-derecho-de-distribucion/ (u.v. 09/06/2025).
5 SAFE CREATIVE, «¿Qué es el derecho de comunicación pública?», en *Blog Tips - Información de Propiedad Intelectual, Derechos de Autor, Marcas y Copyright*, 4 de mayo de 2024, disponible en: https://www.safecreative.org/tips/es/que-es-el-derecho-de-comunicacion-publica/#:~:text=El%20derecho%20de%20comunicaci%C3%B3n%20p%C3%BAblica%20es%20el%20derecho%20de%20llevar,a%20%20cada%20una%20de%20ellas (u.v. 09/06/2025).

3. DERECHOS MORALES AFECTADOS

Los artistas, intérpretes y ejecutantes ostentan derechos morales que están reconocidos en el artículo 113 de la Ley de Propiedad Intelectual (LPI). Los derechos morales concretos que tienen son:

1. El artista intérprete o ejecutante goza del derecho irrenunciable e inalienable al reconocimiento de su nombre sobre sus interpretaciones o ejecuciones, excepto cuando la omisión venga dictada por la manera de utilizarlas, y a oponerse a toda deformación, modificación, mutilación o cualquier atentado sobre su actuación que lesione su prestigio o reputación.

2. Será necesaria la autorización expresa del artista, durante toda su vida, para el doblaje de su actuación en su propia lengua.

3. Fallecido el artista, el ejercicio de los derechos mencionados en el apartado 1 corresponderá sin límite de tiempo a la persona natural o jurídica a la que el artista se lo haya confiado expresamente por disposición de última voluntad o, en su defecto, a los herederos.

Siempre que no existan las personas a las que se refiere el párrafo anterior o se ignore su paradero, el Estado, las comunidades autónomas, las corporaciones locales y las instituciones públicas de carácter cultural estarán legitimadas para ejercer los derechos previstos en él.

Todos ellos se pueden ver comprometidos una vez creado el *deepfake*, es decir, en el *output*.

En primer lugar, el derecho de integridad dota a los titulares de la capacidad de impedir que se pueda modificar, agregar, suprimir sus interpretaciones de forma que menoscabe su prestigio o reputación. Por ejemplo, si un *deepfake* cambia los gestos o la voz de un actor para hacerle decir cosas que nunca dijo, se estaría alterando su interpretación original.

En segundo lugar, el derecho de paternidad, que exige que en las interpretaciones aparezca el nombre de su autor, puede verse afectado. Tal omisión supondría la usurpación de paternidad al existir una apropiación de la creación y el esfuerzo del autor, excepto cuando la omisión venga dictada por la manera de utilizar las interpretaciones o ejecuciones.

Y, por último, el derecho a negarse al doblaje no autorizado en la propia lengua de la actuación. En el caso de que el doblaje se lleve a cabo en un idioma diferente no se necesitará el consentimiento expreso del titular.

4. EXCEPCIONES

Hay determinados usos de las prestaciones de actores y cantantes que están permitidos a la hora de crear un *deepfake* sin necesidad de consentimiento.

Por un lado, la parodia, prevista en el artículo 39 LPI. El concepto de parodia lo recoge el Tribunal de Justicia de la Unión Europea (TJUE) en su sentencia de 3 de septiembre de 2014, que estableció que «la parodia tiene por características esenciales, por un lado, evocar una obra existente, si bien diferenciándose perceptiblemente de esta, y por otro, plasmar una manifestación humorística o burlesca»[6]. Con base a lo expuesto, se puede determinar con claridad cuáles son las características necesarias para que una parodia sea reconocida como tal.

Por otro lado, al necesitar datos (que serían esas imágenes, vídeos o audios) para poder llevar a cabo un *deepfake*, puede plantearse la aplicación de la excepción de minería, que consiste en toda técnica analítica automatizada destinada a analizar textos y datos en formato digital a fin de generar información que incluye, sin carácter exhaustivo, pautas, tendencias o correlaciones (arts. 2.2 Directiva 2019/790 y 66.1 RD-ley 24/2021). La excepción de minería de textos y datos se encuentra regulada en los artículos 3 y 4 Directiva 2019/790 y en el artículo 67 RD-ley 24/202. En los artículos 3 y 4 se prevén dos usos permitidos en los que no se necesita autorización del titular. El artículo 3 permite llevar a cabo la minería de textos y datos con fines de investigación científica, mientras que el artículo 4 regula usos distintos a los de investigación científica, entre ellos, los fines lucrativos. Es decir, con ello se permite entrenar sistemas de IA con las interpretaciones o ejecuciones de los artistas,

---

6 *Caso Deckmyn*, asunto C-201/13, ECLI EU:C:2014:2132.

intérpretes o ejecutantes con el fin de crear deepfakes, sin necesidad de pedirles su consentimiento.

III. IMPACTO EN LOS DERECHOS DE IMAGEN
1. PROTECCIÓN EN PERSONAS VIVAS Y FALLECIDAS

Los *deepfakes* no solo afectan los derechos de propiedad intelectual, sino que también suponen un grave riesgo para el derecho a la propia imagen (y voz), protegido en España por el artículo 18 de la Constitución y la Ley Orgánica 1/1982 de 5 de mayo, de protección civil del derecho al honor, a la intimidad personal y familiar y a la propia imagen.

El derecho a la imagen otorga a cada persona el control sobre el uso y difusión de su representación visual y su voz. Sin embargo, los *deepfakes* pueden vulnerar este derecho cuando manipulan la imagen de alguien sin su consentimiento, especialmente si el contenido altera su identidad, reputación o dignidad. El derecho a la propia imagen entra en conflicto con la libertad de expresión. Sin embargo, en el caso de los *deepfakes* generados por IA, el derecho a la imagen prevalece, ya que no se trata de una expresión realizada por una persona física con derechos fundamentales, sino por una «máquina» que no tiene personalidad jurídica ni derechos fundamentales[7].

Una intromisión ilegítima puede dar lugar un daño patrimonial, pero también a un daño moral, ya que la difusión no consentida de la imagen genera un perjuicio moral que debe ser indemnizado por quien la ha utilizado sin consentimiento[8].

Los *deepfakes* no van a afectar únicamente a las personas vivas, pues también pueden comprometer los derechos de imagen de las personas fallecidas. La LO 1/1982 permite defender la memoria de las personas fallecidas y establece una serie de personas que estarán legitimadas para dar el consentimiento al uso de la imagen de aquéllas.

7 LÓPEZ MAZA, S., «Los efectos de la tecnología *deepfake*... op. cit.
8 HERCE DE LA PRADA, V., *El derecho a la propia imagen y su incidencia en los medios de difusión*, Bosch, Barcelona, 2005, disponible en: https://vlex.es/vid/intromision-ilegitima-abusiva-retratado-279760 (u.v. 11/06/2025).

En primer lugar, las personas que van a estar legitimadas para proteger los derechos de las personas fallecidas serán las que hubieran sido designadas por el fallecido en su testamento; a falta de las anteriores, el cónyuge, ascendiente, descendiente o hermano; y, en defecto de los anteriores, el Ministerio Fiscal a falta de los anteriores o a instancia de la persona fallecida (art. 4 LO 1/1982).

El artículo 6 LO 1/1982 permite dos cosas: 1) que las personas legitimadas puedan continuar la acción iniciada por el titular del derecho lesionado; 2) que las personas legitimadas puedan iniciar las correspondientes acciones de defensa cuando el titular del derecho falleció sin haber podido ejercitarlas.

Hay que distinguir dos plazos: a) el artículo 4.3 LO 1/1982 recoge el plazo durante el cual las personas legitimadas a que se refiere este precepto pueden ejercitar las acciones; b) el artículo 9.5 LO 1/1982 establece el plazo de caducidad de estas acciones (4 años desde que el perjudicado pudo ejercitarlas). Una vez transcurrido este tiempo los *deepfakes* que se lleven a cabo sobre la persona fallecida estarán permitidos sin necesidad de solicitar ningún tipo de consentimiento.

2. LA IMAGEN O VOZ COMO DATO PERSONAL

La intromisión ilegítima es: «la captación, reproducción o publicación por fotografía, filme o cualquier otro procedimiento de la imagen de una persona en lugares o momentos de su vida privada o fuera de ellos».

Tanto la imagen como la voz constituyen un dato de carácter personal, por lo que le serán de aplicación la normativa de protección de datos. Aunque esto no aparece expresamente en el Reglamento (UE) 2016/679, General de Protección de Datos (RGPD), se deduce claramente del concepto general de dato personal del artículo 4.1 de esta norma: «dato personal» es toda información sobre una persona física identificada o identificable («el interesado»); se considerará persona física identificable toda persona cuya identidad pueda determinarse, directa o indirectamente, en particular mediante un identificador, como por ejemplo un nombre, un número de identificación, datos de localización, un identificador en línea o uno o varios elementos propios de la identidad física, fisiológica, genética, psíquica, económica, cultural o social de dicha persona. En este sentido, la imagen y la voz son rasgos únicos que permiten reconocer a una persona, incluso sin necesidad de nombrarla, y por ello su tratamiento queda amparado por las obligaciones y garantías del RGPD.

Cuando realizamos un *deepfake* estamos llevando un cabo un tratamiento de datos personales. El RGPD establece una serie de bases legitimadoras que permiten el tratamiento de datos de manera lícita. En el caso de la imagen o voz, la base legitimadora será el consentimiento de la persona afectada para el uso de dichos datos, sobre todo cuando los datos tratados sean biométricos como el rostro o la voz (art. 9 RGPD)[9].

El consentimiento, para ser lícito, debe ser *libre, específico, informado e inequívoco, se aceptará, ya sea mediante una declaración o una clara acción afirmativa, previo al tratamiento* (arts. 7 RGPD y 6 Ley Orgánica 3/2018, de protección de datos). Conforme a los preceptos señalados, el consentimiento se tiene que haber dado para cada uno de los fines del tratamiento, no prevaleciéndose de un consentimiento y extenderse al resto de fines. Además, se podrá revocar en cualquier momento, aunque carecerá de efectos retroactivos.

En el caso de que la persona titular del derecho de imagen (o voz) hubiera fallecido, el artículo 3 LO 3/2018 establece que podrán acceder, rectificar o suprimir los datos del fallecido las personas vinculadas al fallecido por razones familiares; sus herederos; instituciones designadas por el fallecido; en el caso de que el titular fuera menor de edad lo ejercería sus representantes legales o el Ministerio Fiscal.

3. EXCEPCIONES

En el ámbito del derecho a la propia imagen, existen ciertas situaciones donde la creación de un *deepfake* no supone una intromisión ilegítima a este derecho.

Si la captación, reproducción o publicación de la imagen es sobre una persona con un cargo o profesión de cierta notoriedad o proyección pública y la imagen haya sido captada en un lugar de acceso público [art. 8.2.a) LO 1/1982] no se

---

9 MACÍA POUDEVIDA, A., «Deepfakes: el nuevo reto legal y ético en la era de la desinformación», en *Blog CIPI*, 24 de enero de 2025, disponible en: https://blog.cipi.es/blog2-nntt/item/263-deepfakes-el-nue-vo-reto-legal-y-etico-en-la-era-de-la-desinformacion (u.v. 10/06/2025).

considerará lesionado su derecho de imagen, siempre que tenga la finalidad de informar sobre dónde estaba el personaje público. En el caso de que se use la imagen de dicha persona pública para alterar el mensaje o el lugar de ubicación donde se llevó a cabo la captación o filme de esta, no sería aplicable la excepción.

En el caso de que la utilización de la imagen sea con fines de caricatura, es decir, exagerando los rasgos característicos de las personas con un fin humorístico, sería valida su utilización. Aunque es importante recalcar que se debe apreciar de forma clara que estamos ante una exageración, porque si hay una confusión sobre si es la persona de verdad o una caricatura, la excepción carecería de aplicación.

4. *DEEPFAKES* UTILIZADOS CON FINES PORNOGRÁFICOS

Se estima que aproximadamente el 98% del contenido generado mediante tecnología *deepfake* tiene fines pornográficos, mientras que el 99% de las víctimas son mujeres[10]. La creciente accesibilidad a estas herramientas, sumada al anonimato que ofrece internet, ha amplificado este problema

Los *deepfakes* sexuales permiten colocar el rostro de una persona en un cuerpo ajeno con propósitos pornográficos, afectando no solo a celebridades, sino también a personas comunes, ya que cualquier persona con imágenes públicas —por mínima que sea— puede ser víctima. Esta práctica plantea graves riesgos en términos de privacidad, reputación e integridad psicológica, lo que provoca un gran impacto a las víctimas como estrés postraumático, depresión, ansiedad y daños en la reputación.

Las motivaciones de los agresores van desde la gratificación sexual hasta la venganza, intimidación y beneficios económicos.

Para combatir este problema, se necesita un enfoque integral que combine regulación, educación y desarrollo de tecnologías de detección. Se subraya la necesidad de mayor colaboración entre gobiernos, empresas tecnológicas y sociedad civil para mitigar los efectos negativos de esta tecnología emergente.

---

10 HURST, L., «An analysis has revealed how the overwhelming majority of deepfake videos found online are pornography», en Euronews., 20 de octubre de 2023, disponible en: https://www.euronews.com/next/2023/10/20/generative-ai-fueling-spread-of-deepfake-pornography-across-the-internet?utm_source=chatgpt.com (u.v. 21/08/2025).

4.1. *El caso Atrioc*

Un caso especialmente mediático fue el del *streamer* de Twitch Brandon «Atrioc» Ewing, quien fue expuesto viendo *deepfakes* pornográficos de otras *streamers* en una plataforma web de pago. El 30 de enero de 2023 se encontraba haciendo un directo en Twitch, cuando los usuarios podían apreciar durante un segundo en la pantalla de su ordenador que tenía abierta una página de contenido sexual, Bavfakes. El problema vino porque ésta no era una página cualquiera de contenido sexual, sino que era un sitio web en el que se debía pagar una suscripción por ver imágenes y videos pornográficos de famosos. De entre las personas famosas que fueron víctimas de ello se encontraban compañeras, amigas y conocidas del propio Brandon Atrioc[11]. El clip de vídeo se extendió rápidamente por las redes sociales.

El caso reveló la existencia de plataformas comerciales dedicadas específicamente a explotar la imagen de mujeres sin su consentimiento, ofreciendo contenido sexual falsificado a cambio de dinero. Y no solamente son imágenes, sino que estos *deepfakes* han sido utilizados como método de chantaje en las víctimas para silenciarlas. Lejos de tratarse de hechos aislados, el caso Atrioc puso de manifiesto una industria digital emergente que convierte la vulneración de derechos en un negocio lucrativo.

En la legislación española no hay todavía una ley que regule de forma expresa este tipo de prácticas, pero pueden encuadrarse en distintos tipos penales ya existentes: derecho contra la intimidad y la propia imagen, o delitos contra la libertad sexual. Para que estos comportamientos sean perseguibles, es necesario que la manipulación o difusión de las imágenes se produzca sin conocimiento o autorización de la persona retratada. Incluso en los casos en que alguien consiente en la modificación de su imagen, la posterior difusión sin permiso constituye un ilícito penal. Las sanciones pueden variar entre uno y cuatro años de prisión, llegando a ser de dos a cinco años cuando, además de la alteración, se difunden, comparten o ceden a terceros. Si las imágenes se hubieran obtenido inicialmente con consentimiento, la

---

11 CARRANZA, M., «El escándalo del streamer Atrioc y las fotos de desnudos generadas por IA», en Sopitas.com, 1 de febrero de 2023, disponible en: https://www.sopitas.com/geek/streamer-atrioc-que-paso-deepfake-fotos-desnudos-ia-escandalo/?share=lin kedin (u.v. 11/06/2025).

transmisión a otros sin autorización igualmente constituye delito, castigado con penas de tres meses a un año[12].

Junto a la vía penal, la víctima puede reclamar una indemnización por los daños y perjuicios sufridos. De igual manera, cabe la intervención de la Agencia Española de Protección de Datos, que tiene potestad para imponer sanciones económicas que pueden alcanzar varios miles de euros.

Cuando las imágenes o vídeos manipulados digitalmente con fines sexuales afectan a personas menores de edad, la gravedad del hecho se multiplica, ya que pasan a considerarse como "pornografía infantil" que recoge el Código Penal en el art. 189.1.d) donde se incluye como delito no solo las imágenes de menores reales, sino también las *"imágenes realistas de un menor participando en una conducta sexualmente explícita o imágenes realistas de los órganos sexuales de un menor, con fines principalmente sexuales"*. Se tipifica como delito la pornografía virtual porque el avance de la tecnología impide distinguir las imágenes reales de las manipuladas[13]. En estos supuestos, la normativa prevé sanciones especialmente severas, que pueden alcanzar hasta nueve años de prisión si las víctimas tienen menos de dieciséis años. Además, no es necesario que exista distribución o difusión del material para que se configure el delito, la simple tenencia de esos archivos ya se castiga como conducta delictiva

IV. REGULACIONES RECIENTES Y ESFUERZOS POR COMBATIR ESTE FENÓMENO

Se está luchando por conseguir un uso controlado de esta tecnología, que respete los derechos de propiedad intelectual y de imagen.

A nivel nacional, en España, el 15 de marzo de 2024, el grupo parlamentario SUMAR planteó una propuesta de ley orgánica sobre «regulación de las simulaciones de imágenes y voces de personas generadas por medio de la inteligencia artificial»,

---

12 BAYO PÉREZ, B., «Pornografía sintética: no es una broma, es un delito», en VerificaRTVE, 8 de marzo de 2024, disponible en: https://www.rtve.es/noticias/20240308/8m-pornografia-sintetica-no-broma-es-delito/15994666.shtml?utm_source=chatgpt.com (u.v. 24/08/2025).
13 NEIRA PENA, A. M., «Deepfakes y violencia de género digital. Una respuesta penal incierta», en *Estudios penales y criminológicos*, núm. 46, 2025, pp. 14-15.

que buscaba regular el uso de la IA en la generación de imágenes y voces, identificando los contenidos generados por IA y estableciendo unas responsabilidades por infracciones cometidas.

En el ámbito penal la propuesta introduce un nuevo artículo 208 bis tipifica como «injuria» la creación de imágenes o voces generadas con inteligencia artificial cuando se difundan sin permiso y con intención de dañar el honor, la reputación o la dignidad de una persona. Asimismo, se modifica el artículo 211 para considerar que estas simulaciones difundidas en redes sociales constituyen «injurias hechas con publicidad», lo que agrava la conducta. Por otro lado, la Ley de Enjuiciamiento Civil en su artículo 727 incorpora medidas cautelares específicas que permiten la retirada inmediata de contenidos creados con IA cuando se hayan producido y difundido sin consentimiento.

Finalmente, en la Ley Orgánica de Régimen Electoral General se añade un nuevo artículo 144 bis, que prevé sanciones para quienes, desde el inicio de la campaña electoral hasta el cierre de las urnas, difundan de manera dolosa o sin autorización *deepfakes* de candidatos, con el fin de manipular o alterar el proceso democrático[14].

A nivel europeo el artículo 50.4 Reglamento 2024/1689 establece que los responsables del despliegue de un sistema de IA que genere o manipule imágenes o contenidos de audio o vídeo que constituyan *deepfakes*, deben informar de que esos contenidos o imágenes se han generado o manipulado de manera artificial. Sigue señalando este precepto que esta obligación no se aplica cuando la ley autorice su uso para detectar, prevenir, investigar o enjuiciar delitos.

La normativa recoge una serie de excepciones en las que no se deberá etiquetar que el contenido ha sido generado o modificado con IA, cuando su uso tenga como objetivo la detección, prevención, investigación o enjuiciamiento de delitos penales; cuando el contenido haya sido revisado por humanos; o sometido a control

---

14 Propuesta de Ley Orgánica del Grupo Parlamentario Plurinacional SUMAR de regulación de las simulaciones de imágenes y voces de personas generadas por medio de inteligencia artificial, disponible en: https://www.congreso.es/public_oficiales/L15/CONG/BOCG/B/BOCG-15-B-85-1.PDF#page=1(u.v. 24/08/2025).

editorial y exista una persona física o jurídica que asuma la responsabilidad editorial del contenido publicado (art. 50.4 Reglamento 2024/1689).

A nivel internacional, EE. UU, concretamente en el estado de Tennessee entró en vigor el 1 de julio de 2024 la Ley para Garantizar la Seguridad de la voz y la Imagen de los Artistas (*Ensuring Likeness Voice and Image Security Act*), conocida por sus siglas en inglés como *ELVIS Act*). Trata de proteger a los compositores, intérpretes y profesionales de la industria musical cuando utilizan su voz de forma indebida con IA[15]. La anterior Ley de Protección de Derechos Personales prohibía únicamente el nombre y la imagen de una persona cuando tuviera «fines publicitarios»[16], pero ahora con la Ley ELVIS, se prohíbe cualquier uso, incluido el generado con herramientas de IA, que no sea autorizado. Aunque este uso se consideraría autorizado cuando los artistas dieran su consentimiento, o en caso de no contar con el consentimiento, se haga con fines de parodia, sátira (sección 10.2 *ELVIS Act*).

IV. CONCLUSIONES

En conclusión, el fenómeno de los *deepfakes* representa una amenaza creciente para los derechos. Se han convertido en herramientas capaces de replicar de forma hiperrealista la apariencia, la voz y los gestos de cualquier persona, incluso a partir de datos mínimos, lo que ha ampliado exponencialmente su capacidad para causar daño.

Desde el punto de vista de la propiedad intelectual, los *deepfakes* pueden vulnerar tanto derechos patrimoniales como derechos morales. La creación de estos contenidos sin autorización supone una apropiación ilegítima del trabajo de los artistas. Esto es especialmente problemático en contextos donde se manipulan las interpretaciones originales para introducir palabras, gestos o mensajes, generando confusión entre lo auténtico y lo manipulado.

---

15 GUTIÉRREZ VÁZQUEZ, L., «EE.UU.: el Estado de Tennessee aprueba la "Elvis act" para garantizar la seguridad de la imagen y voz de los artistas intérpretes o ejecutantes», en *Instituto Autor*, 8 de mayo de 2024, disponible en: https://institutoautor.org/ee-uu-el-estado-de-tennessee-aprueba-la-elvis-act-para-garantizar-la-seguridad-de-la-imagen-y-voz-de-los-artistas-interpretes-o-ejecutantes (u.v. 12/06/2025).
16 GUERRERO, P., «¿Qué es la ley Elvis?», en *Rolling Stones*, 8 de abril de 2024, disponible en: https://es.rollingstone.com/que-es-la-ley-elvis (u.v. 12/06/2025).

En cuanto al derecho a la propia imagen, los *deepfakes* suponen una grave intromisión ilegítima, ya que permiten replicar el rostro o la voz de una persona sin su conocimiento ni consentimiento. Esta vulneración no solo afecta a figuras públicas o celebridades, lo que multiplica su peligrosidad. Resulta especialmente alarmante el uso de esta tecnología con fines pornográficos no consentidos, que afecta de forma desproporcionada sobre todo a mujeres y personas menores de edad, convirtiéndose en una nueva forma de violencia digital.

A pesar de algunos avances normativos, aún queda mucho camino por recorrer para garantizar un marco legal que proteja de forma efectiva a las personas frente al uso malicioso de esta tecnología. Por ello, es urgente establecer una regulación específica y para ello el consentimiento debe constituirse como el eje fundamental que legitime cualquier uso de datos personales.

En definitiva, los *deepfakes* representan una de las manifestaciones más complejas de los dilemas que plantea la IA. Su potencial para el arte, el cine o la comunicación no puede obviar los riesgos que suponen para los derechos.

VI. BIBLIOGRAFÍA

• BAYO PÉREZ, B., «Pornografía sintética: no es una broma, es un delito», en *VerificaRTVE*, 8 de marzo de 2024, disponible en: https://www.rtve.es/noticias/20240308/8m-pornografia-sintetica-no-broma-es-delito/15994666.shtml?utm_source=chatgpt.com (u.v. 24/08/2025).

• CARRANZA, M., «El escándalo del streamer Atrioc y las fotos de desnudos generadas por IA», en *Sopitas.com*, 1 de febrero de 2023, disponible en: https://www.sopitas.com/geek/streamer-atrioc-que-paso-deepfake-fotos-desnudos-ia-escandalo/?share=linkedin (u.v. 11/06/2025).

• GUERRERO, P., «¿Qué es la ley Elvis?», en *Rolling Stones*, 8 de abril de 2024, disponible en: https://es.rollingstone.com/que-es-la-ley-elvis (u.v. 12/06/2025).

• GUTIÉRREZ VÁZQUEZ, L., «EE.UU.: el Estado de Tenessee aprueba la "Elvis act" para garantizar la seguridad de la imagen y voz de los artistas intérpretes o ejecutantes», en *Instituto Autor*, 8 de mayo de 2024, disponible en: https://institutoautor.org/ee-uu-el-estado-de-tennessee-aprueba-la-elvis-act-para-garantizar-la-seguridad-de-la-imagen-y-voz-de-los-artistas-interpretes-o-ejecutantes(u.v. 12/06/2025).

- HERCE DE LA PRADA, V., *El derecho a la propia imagen y su incidencia en los medios de difusión*, Bosch, Barcelona, 2005, disponible en: https://vlex.es/vid/intromision-ilegitima-abusiva-retratado-279760 (u.v. 11/06/2025).
- HURST, L., «An analysis has revealed how the overwhelming majority of deepfake videos found online are pornography», en *Euronews*., 20 de octubre de 2023, disponible en: https://www.euronews.com/next/2023/10/20/generative-ai-fueling-spread-of-deepfake-pornography-across-the-internet?utm_source=chatgpt.com (u.v. 21/08/2025).
- LÓPEZ MAZA, S., «Los efectos de la tecnología *deepfake* en los derechos de los cantantes y de los actores», en *Derecho privado y tecnología*, dirs. P. Cámara Águila y A. Agüero Ortiz, Aranzadi, 2025, consultado en Aranzadi La Ley Legalteca.
- MACÍA POUDEVIDA, A., «Deepfakes: el nuevo reto legal y ético en la era de la desinformación», en *Blog CIPI*, 24 de enero de 2025, disponible en: https://blog.cipi.es/blog2-nntt/item/263-deepfakes-el-nuevo-reto-legal-y-etico-en-la-era-de-la-desinformacion (u.v. 10/06/2025).
- NEIRA PENA, A. M., «Deepfakes y violencia de género digital. Una respuesta penal incierta», en *Estudios penales y criminológicos*, núm. 46, 2025.
- SAFE CREATIVE, «¿Qué es el derecho de comunicación pública?», en *Blog Tips - Información de Propiedad Intelectual, Derechos de Autor, Marcas y Copyright*, 4 de mayo de 2024, disponible en: https://www.safecreative.org/tips/es/que-es-el-derecho-de-comunicacion-publica/#:~:text=El%20derecho%20de%20comunicaci%C3%B3n%20p%C3%BAblica%20es%20el%20derecho%20de%20llevar,a%20cada%20una%20de%20ellas (u.v. 09/06/2025).
- SAFE CREATIVE, «¿Qué es el derecho de distribución?», en *Blog Tips - Información de Propiedad Intelectual, Derechos de Autor, Marcas y Copyright*, 28 de abril de 2024, disponible en: https://www.safecreative.org/tips/es/que-es-el-derecho-de-distribucion/ (u.v. 09/06/2025).
- TELEFÓNICA, «Tecnología "deep fake": más allá de la realidad, de la ciberseguridad y de la vida y la muerte», en *Blog Telefónica*, 2 de febrero de 2022, disponible en: https://www.telefonica.com/es/sala-comunicacion/blog/tecnologia-deep-fake-mas-alla-de-la-realidad-de-la-ciberseguridad-y-de-la-vida-y-la-muert(u.v. 07/06/2025).
- ULTRALYTICS, «Deepfakes, Discover the technology, applications, and ethical concerns of deepfakes, from entertainment to misinformation. Learn detection and AI solutions», en *Blog Ultralytics*, disponible en: https://www.ultralytics.com/es/glossary/deepfakes (u.v. 07/06/2025).

MARÍA GARCÍA GONZÁLEZ

Estudiante de la XIX del Máster en Propiedad Intelectual, Industrial y Nuevas Tecnologías de la Universidad Autónoma de Madrid

RESUMEN: En el presente trabajo se analiza el impacto que tiene la inteligencia artificial generativa sobre los derechos de autor, centrándose en la necesidad de garantizar una remuneración justa a los creadores cuyas obras se usan para entrenar diversos modelos de inteligencia artificial. Se analizarán los límites actuales comprendidos dentro del marco europeo, como la Directiva 2019/790 y el Reglamento de Inteligencia Artificial. Se examinarán casos relevantes y actuales, siendo uno la primera referencia en la que encontramos una obra protegida por derechos de autor que también incluye elementos generados mediante inteligencia artificial, y otro que plantea cuestiones en torno a la protección jurídica de los estilos artísticos que usa la inteligencia artificial para la generación de imágenes y contenidos.

PALABRAS CLAVE: propiedad intelectual, derechos de autor, inteligencia artificial; obras generadas por inteligencia artificial; remuneración; licencias colectivas; Directiva 2019/790; minería de datos; Reglamento de Inteligencia Artificial; estilo Ghibli; Zarya of the Dawn.

SUMARIO: I. INTRODUCCIÓN. II. FUNCIONAMIENTO DE LA INTELIGENCIA ARTIFICIAL. III. EL ENTRENAMIENTO DE LA IA Y LOS DERECHOS DE AUTOR. 1. USO NO AUTORIZADO DE OBRAS EN EL ENTRENAMIENTO. **2.** DIRECTIVA 2019/790 Y MINERÍA DE DATOS. **3.** REGLA DE LOS TRES PASOS. **IV. TRANSPARENCIA Y REMUNERACIÓN JUSTA. 1.** OBLIGACIONES DE TRANSPARENCIA DE LOS PROVEEDORES. **2.** DETERMINACIÓN DE UNA REMUNERACIÓN PROPORCIONAL. **3.** FALTA DE CONTROL Y TRAZABILIDAD. **V. CASOS RELEVANTES. 1.** *ZARYA OF THE DAWN.* **2.** EL ESTILO GHIBLI. **VI. CONCLUSIONES. VII. BIBLIOGRAFÍA.**

I. INTRODUCCIÓN

En la era digital, Internet se ha convertido en una herramienta indispensable que impuEn estos últimos años, gracias a la evolución de la inteligencia artificial generativa hemos sufrido cambios en nuestras acciones más cotidianas, desde utilizarla para que nos proponga un plan un viernes por la tarde hasta que nos redacte un mail de trabajo. Por ello hemos visto cómo la forma en que se producen y consumen contenidos culturales y creativos ha cambiado completamente. Sin embargo, estos avances vertiginosos contrastan con la lentitud y fragmentación del desarrollo normativo, habiéndose generado un gran desequilibrio entre Derecho y tecnología. Pese a los esfuerzos europeos, tras la aprobación del Reglamento de Inteligencia Artificial[1], la legislación europea y nacional sigue manifestando carencias para abordar los efectos de la inteligencia artificial -en adelante, IA- sobre los derechos de autor con claridad.

Dentro de los innumerables efectos de la IA, uno de los más relevantes en materia de propiedad intelectual es el uso masivo de obras protegidas para entrenar modelos de IA sin consentimiento ni compensación a sus autores. Esta práctica, debido a su falta de transparencia, es prácticamente imposible de rastrear y además plantea serias incertidumbres sobre su compatibilidad con el marco jurídico vigente y sobre la capacidad real de los autores para ejercer y proteger sus derechos en este nuevo entorno.

Asesorar a un autor frente a este nuevo fenómeno continúa siendo una tarea incierta, marcada por vacíos legales y conceptos difusos. La remuneración justa y proporcional por el uso de obras para el entrenamiento de este tipo de inteligencia artificial se ha convertido en un objetivo que tienen marcado todos los autores, pero que depende en su totalidad en la obligación de transparencia que marquen los sistemas jurídicos a estos sistemas. En este capítulo se pretende analizar las consecuencias jurídicas del entrenamiento de la IA con obras protegidas por derechos de autor, examinar el marco normativo europeo aplicable actualmente -con especial atención a la Directiva 2019/790, la regla de los tres pasos y el Reglamento de Inteligencia Artificial- y reflexionar sobre la necesidad de instaurar mecanismos efectivos de transparencia, trazabilidad y compensación para legitimar una protección

---

[1] Reglamento (UE) 2024/1689 del Parlamento Europeo y del Consejo, de 13 de junio de 2024, por el que se establecen normas armonizadas en materia de inteligencia artificial y por el que se modifican los Reglamentos (CE) nº 300/2008, (UE) nº 167/2013, (UE) nº 168/2013, (UE) 2018/858, (UE) 2018/1139 y (UE) 2019/2144 y las Directivas 2014/90/UE, (UE) 2016/797 y (UE) 2020/1828 (Reglamento de Inteligencia Artificial), Diario Oficial de la Unión Europea núm. 1689, de 12 de julio de 2024.

efectiva de los derechos de autor en tiempos de inteligencia artificial.

II. FUNCIONAMIENTO DE LA INTELIGENCIA ARTIFICIAL

Para poder comprender todos los retos que plantea la inteligencia artificial en el ámbito jurídico es importante, primero, poder entender sus aspectos técnicos de aprendizaje y generación de contenido. La IA se sustenta con modelos que requieren de un entrenamiento exhaustivo con grandes volúmenes de datos para poder así generar resultados que sean coherentes y funcionales[2]. Este entrenamiento se estructura a partir de estos tres elementos fundamentales: inputs, outputs y prompts.

Los inputs son la recopilación de datos que alimenta el sistema y permite su aprendizaje, pudiendo ser textos, imágenes o sonidos. Los outputs, en cambio, son los contenidos que genera la IA a partir de esos inputs, pudiendo adoptar diversos formatos de respuestas. Los prompts son las instrucciones que facilita el usuario a esta IA, que intentan orientar la respuesta del modelo, pudiendo su elaboración implicar, incluso, un alto grado de creatividad y especialización.

El problema central desde el punto de vista de los derechos de autor reside en que el entrenamiento de la IA necesita consumir cantidades masivas de material preexistente, buena parte del cual está protegido por derechos de propiedad intelectual. Esta utilización de carácter masivo, generalmente sin el consentimiento de los titulares de derechos ni una remuneración asociada a dicho uso, supone un desafío directo al sistema tradicional de protección de los autores.

En España, se intentó abordar dicha problemática a través del reconocimiento de licencias colectivas con efecto ampliado en el marco del Proyecto de Real Decreto[3]. No obstante, la propuesta no llegó a prosperar debido a su falta de claridad jurídica para las partes implicadas, lo que pone de manifiesto la complejidad de desarrollar soluciones viables en esta materia[4].

---

[4] Una crítica a este Proyecto de Real Decreto puede leerse en P. CÁMARA ÁGUILA, S. LÓPEZ MAZA, G. MINERO ALEJANDRE, C. BRAGADO HERRERO DE EGAÑA, "Aportaciones del centro de investigación en propiedad intelectual (CIPI) de la Universidad Autónoma de Madrid, al proyecto de Real Decreto por el que se regula la concesión de licencias colectivas ampliadas para la explotación masiva de obras y prestaciones protegidas por derechos de propiedad intelectual para el desarrollo de modelos de inteligencia artificial de uso general", *Pe. i.: Revista de propiedad intelectual*, Núm. 78, 2024, pp. 63-83.

III. EL ENTRENAMIENTO DE LA IA Y LOS DERECHOS DE AUTOR

1. USO NO AUTORIZADO DE OBRAS EN EL ENTRENAMIENTO

El entrenamiento de sistemas de inteligencia artificial generativa requiere una gran cantidad de procesamiento de datos, muchos de los cuales incluyen obras protegidas por derechos de autor. Este sistema, para poder generar lenguaje natural, identificar patrones o imitar estilos visuales, implica actos que jurídicamente le corresponde autorizar o no al autor de la obra, como son la reproducción, el almacenamiento y, en ocasiones, la transformación de contenidos, estando estos incluidos en los derechos exclusivos de explotación[5].

Esta recopilación de datos se lleva a cabo sin autorización previa de los titulares de derechos, lo que plantea serias dudas sobre su licitud conforme al marco normativo vigente. Aunque los resultados generados por la IA no reproduzcan las obras utilizadas de forma literal durante su entrenamiento, el uso sistemático y masivo de dichas obras sigue constituyendo un aprovechamiento económico indirecto de las mismas, lo que puede suponer una infracción de los derechos exclusivos reconocidos en las legislaciones española y europea.

Además, el carácter opaco del proceso de entrenamiento agrava el problema, ya que ni los creadores ni las entidades de gestión pueden conocer con certeza si sus obras han sido utilizadas, lo que dificulta la reclamación de derechos o negociar condiciones de uso. Esta falta de trazabilidad erosiona la posición jurídica del autor, que pierde de facto el control sobre la explotación de su obra en entornos automatizados de alta escala.

En definitiva, la utilización no autorizada de obras para entrenar sistemas de inteligencia artificial no solo plantea una posible vulneración de los derechos patrimoniales del autor, sino que también socava principios fundamentales del sistema de propiedad intelectual, como el derecho a decidir sobre el uso de la creación

---

5 Acerca de los derechos de explotación afectados por los actos de minería de textos y datos necesarios para el entrenamiento de modelos de IA, véase G. MINERO ALEJANDRE, "Los dos límites (el obligatorio y el optativo) de minería de textos y datos", en *La Directiva de mercado único digital y su incorporación al derecho español*, coord. Pilar Cámara Águila e Ignacio Garrote Fernández-Díez, Tirant Lo Blanch, 2024, pp. 41 y siguientes.

propia y a obtener una compensación adecuada por ello.

2. DIRECTIVA 2019/790 Y MINERÍA DE DATOS

La Directiva (UE) 2019/790, sobre los derechos de autor y derechos afines en el mercado único digital, introdujo por primera vez en la normativa europea un marco específico para la minería de textos y datos, consciente del crecimiento del uso automatizado de información en contextos tecnológicos avanzados como la inteligencia artificial[6].

La norma distingue dos excepciones sobre el uso de obras. La primera, regulada en su artículo 3, permite la minería de datos realizada por entidades de investigación y de patrimonio cultural, siempre que sea con fines exclusivamente científicos. En este caso, los titulares de derechos no pueden oponerse al uso de sus obras para dichos fines. La segunda, prevista en el artículo 4 de esta Directiva, permite la minería con cualquier finalidad, incluso comercial, pero en este supuesto los titulares sí pueden excluir sus obras de forma expresa, utilizando medios adecuados como como medios de lectura mecánica en el caso del contenido puesto a la disposición del público en línea[7].

Pese a este intento de armonización por parte de la Unión Europea, el entrenamiento de sistemas de inteligencia artificial generativa plantea problemas que van mucho más allá de lo contemplado por estas excepciones. Estos entrenamientos de modelos no se limitan a extraer datos objetivos o semánticos, sino que conllevan reproducciones sistemáticas, fragmentaciones, transformaciones técnicas y almacenamiento continuo de grandes cantidades de contenido protegido. Esta complejidad técnica excede el alcance de las excepciones previstas por la Directiva, diseñadas en un principio para el análisis documental y no están adaptadas al modo actual de alimentación de modelos.

En este contexto, la Directiva 2019/790, aunque supone un avance

---

6 Directiva (UE) 2019/790 del Parlamento Europeo y del Consejo, de 17 de abril de 2019, sobre los derechos de autor y derechos afines en el mercado único digital y por la que se modifican las Directivas 96/9/CE y 2001/29/CE, Diario Oficial de la Unión Europea de 17 de mayo de 2019.

7 Sobre las diferencias entre un régimen de minería y otro, véase, G. MINERO ALEJANDRE, "Los dos límites (el obligatorio y el optativo) de minería de textos y datos", cit., pp. 41 y ss.

normativo relevante, no ofrece una respuesta adaptada a los desafíos que plantea el entrenamiento de la inteligencia artificial generativa.

3. REGLA DE LOS TRES PASOS

La regla de los tres pasos constituye un principio interpretativo fundamental en materia de derechos de autor, recogido en el artículo 9.2 del Convenio de Berna y artículo 5.5 de la Directiva 2001/29/CE[8] y asumido en el ordenamiento español a través del artículo 40 bis del Texto Refundido de la Ley de Propiedad Intelectual. Esta regla establece que cualquier excepción o limitación a los derechos exclusivos debe cumplir tres condiciones acumulativas: i) aplicarse a ciertos casos especiales, ii) no atentar contra la explotación normal de la obra, y iii) no perjudicar injustificadamente los intereses legítimos del titular[9].

Este criterio tiene una función equilibradora, ya que permite ciertos usos de obras sin autorización cuando dichos usos están socialmente justificados, y garantiza que ello no afecte de forma sustancial al modelo de explotación y al reconocimiento de los derechos de los autores.

Si aplicamos la regla a estos modelos de entrenamiento de inteligencia artificial, en primer lugar, entendemos que el uso de grandes cantidades de contenido no puede considerarse un caso especial, sino una práctica generalizada y estructural. En segundo lugar, la explotación comercial y masiva de los resultados que genera la IA puede sustituir en la práctica a las obras originales, por lo que afectaría gravemente a su explotación normal. Por último, los intereses de los autores se ven comprometidos ya que no pueden controlar ni recibir compensación por el uso de sus obras, lo que constituye un perjuicio injustificado. Por ello, la aplicación extensiva del límite de la minería de textos y datos sería contraria a la regla de máximos contenida en el artículo 40 bis del Texto Refundido de la Ley de Propiedad Intelectual.

En consecuencia, incluso si se aceptara que ciertas formas de minería de

---

8 Directiva 2001/29/CE del Parlamento Europeo y del Consejo, de 22 de mayo de 2001, relativa a la armonización de determinados aspectos de los derechos de autor y derechos afines a los derechos de autor en la sociedad de la información, Diario Oficial de la Unión Europea de 22 de junio de 2001.
9 Para un estudio de esta norma, véase R. CASAS VALLÉS, "Comentario al artículo 40 bis", en Comentarios a la Ley de Propiedad Intelectual, Coord. Rodrigo Bercovitz Rodríguez-Cano, Tecnos, 2017, pp. 791-836.

datos pudieran encajar en las excepciones legales, la regla de los tres pasos actúa como límite infranqueable ante usos que alteran sustancialmente el equilibrio entre innovación tecnológica y protección de la creación intelectual, como el entrenamiento de modelos de inteligencia artificial generativa.

IV. TRANSPARENCIA Y REMUNERACIÓN JUSTA

1. OBLIGACIONES DE TRANSPARENCIA DE LOS PROVEEDORES

La transparencia en los procesos de entrenamiento de sistemas de inteligencia artificial generativa constituye un elemento fundamental para garantizar el cumplimiento de los derechos de autor. Sin información clara y accesible sobre los datos destinados a generar este contenido, los titulares no podrán ejercer sus derechos ni reclamar una compensación justa. Las obligaciones de los proveedores de modelos de IA han sido reconocidas expresamente en el Reglamento de Inteligencia Artificial aprobado por la Unión Europea, a las que dedica el artículo 53.1.

Dicho artículo exige a los desarrolladores elaborar una documentación técnica que contenga un "resumen suficientemente detallado" sobre los datos utilizados en el entrenamiento. No obstante, la formulación ambigua del artículo (especialmente por su referencia a que los proveedores deben hacer "esfuerzos razonables") ha generado cierta inquietud entre los titulares de derechos. En la práctica, no hay una obligación clara sobre la identificación de la proporción usada de cada obra ni de permitir a los autores verificar dicho uso.

La ausencia de una trazabilidad eficaz debilita gravemente esta medida y deja sin garantías a los autores. Por tanto, aunque el principio de transparencia ha sido incorporado en la legislación europea, su implementación real sigue siendo insuficiente para salvaguardar los derechos de autor frente a la IA.

2. DETERMINACIÓN DE UNA REMUNERACIÓN PROPORCIONAL

Uno de los pilares fundamentales de la propiedad intelectual es el derecho del autor a recibir una remuneración justa y proporcional por la explotación de su obra. En el contexto de la IA, este principio entra en dificultad ante la opacidad de los procesos de entrenamiento y el conflicto de cuantificar el valor que las obras individuales aportan a los modelos generativos y en qué proporción.

La legislación europea aún no ha determinado un mecanismo que permita calcular y exigir una compensación por el uso de los contenidos protegidos en el entrenamiento. Esto genera una situación de inestabilidad, ya que mientras que los desarrolladores de IA obtienen beneficios económicos sustanciales, los creadores cuyos contenidos nutren dichos sistemas no perciben retorno alguno.

La falta de herramientas de medición, estructuras contractuales adecuadas y criterios objetivos impide actualmente articular un sistema eficiente de remuneración. Por ello, sería necesario avanzar hacia un modelo legal que combine obligaciones de transparencia con sistemas de licencias, mecanismos de compensación colectiva o tarifas regulatorias, de forma que se restablezca el equilibrio justo entre la innovación tecnológica y la originalidad creativa.

3. FALTA DE CONTROL Y TRAZABILIDAD

La trazabilidad (posibilidad de rastrear el uso de una obra a lo largo de todo el proceso de entrenamiento) es un elemento fundamental para poder garantizar los derechos de autor en un entorno digital. Sin embargo, en la práctica, los modelos de IA actuales carecen de mecanismos efectivos que permitan identificar qué obras protegidas han sido utilizadas, en qué medida y con qué consecuencias.

Esta falta de control tiene consecuencias directas sobre el ejercicio de los derechos de reproducción y sobre la posibilidad del autor de oponerse a usos no autorizados. También impide aplicar de manera eficiente las excepciones legales, valorar si se ha causado una infracción o determinar qué tipo de compensación corresponde al titular. En definitiva, sin trazabilidad, los derechos de autor pierden eficacia y se ven reducidos a una declaración formal, pero sin efectos prácticos.

Para superar esta carencia se debe exigir una revisión normativa que haga obligatoria la documentación exhaustiva de los datos empleados en el entrenamiento por parte de las empresas tecnológicas dedicadas a la IA y se permita, así, a los autores acceder a dicha información de manera accesible y verificable. Sin esta reforma, el uso de obras en sistemas de IA seguirá operando al margen de la ley y del control de los autores, en un entorno jurídico desactualizado y difícilmente compatible con los principios fundamentales del derecho de autor.

V. CASOS RELEVANTES

1. ZARYA OF THE DAWN: LA FALTA DE AUTORÍA HUMANA

Uno de los primeros casos en esta materia de inteligencia artificial y derechos de autor es el de la obra *Zarya of the Dawn*, creada por Kristina Kashtanova. Esta obra, registrada en la Oficina de Derechos de Autor de Estados Unidos, incluía tanto texto creado por la autora como imágenes generadas con el sistema de inteligencia artificial Midjourney. El caso adquirió popularidad cuando se descubrió que la solicitud inicial de registro no especificaba que las imágenes habían sido producidas mediante IA.

Tras una revisión de oficio, la Oficina estadounidense decidió mantener el registro únicamente respecto al texto y a la disposición estructural de la obra, excluyendo de la inscripción registral expresamente las imágenes generadas por Midjourney. La resolución se fundamentó en un principio básico del derecho de autor: la protección sólo se concede a las creaciones humanas. Las imágenes generadas por inteligencia artificial no pueden gozar de protección jurídica como "obras" si no existe intervención humana suficientemente significativa y original en su proceso de creación.

La autora alegó que había planteado cuidadosamente los prompts y, además, había editado posteriormente las imágenes con la herramienta de Photoshop. Sin embargo, la Oficina consideró que dichas intervenciones no eran suficientes para atribuir la autoría de las imágenes a una persona física, ya que el resultado final dependía en gran medida del funcionamiento autónomo e impredecible de IA.

A continuación, se muestran las imágenes del cómic contenidas en la propia resolución de la United States Copyright Office de 21 de febrero de 2023[10]:

Este caso pone de relieve una de las cuestiones jurídicas más importantes en la era de la inteligencia artificial: el requisito de autoría humana como condición indispensable para el reconocimiento de derechos de propiedad intelectual. También demuestra que, aunque la generación de los prompts pueda implicar cierto grado de creatividad, el resultado de la IA carece de originalidad en sentido jurídico si no refleja decisiones libres y creativas de una persona física.

---

10 El texto de la resolución es accesible en https://www.copyright.gov/docs/zarya-of-the-dawn.pdf (última consulta: 10 de julio de 2025).

La decisión en Zarya of the Dawn ha marcado un precedente claro, ya que es una obra formada por una parte protegida bajo los derechos de autor y excluyendo de dicha protección la parte generada por IA, a la vez que se otorga la tutela por el copyright a la recopilación o combinación de ambas partes (la protegida y la excluida).

2. EL ESTILO GHIBLI: ESTILO ARTÍSTICO Y DERECHO DE AUTOR

Otro caso paradigmático en el debate sobre inteligencia artificial y propiedad intelectual es el relacionado con la emulación del "estilo Ghibli" por parte de modelos de generación automática de imágenes. Studio Ghibli, estudio japonés célebre por sus películas como El viaje de Chihiro (2001), representa un estilo gráfico inconfundible asociado estrechamente al trabajo creativo de su fundador, Hayao Miyazaki. En marzo de 2025, la controversia surgió cuando OpenAI lanzó una función que permitía generar imágenes con una estética inspirada en dicho estilo visual.

Esta función se hizo viral en diversas redes sociales y fue utilizada incluso por algunas instituciones públicas como la Casa Blanca o por el presidente Emmanuel Macron. En uno de estos usos, el más polémico fue el que publicó la administración estadounidense, difundiendo una imagen generada con este estilo con fines políticos y con un contenido potencialmente discriminatorio, lo que exacerbó el debate siendo no solo jurídico, sino también ético. A continuación, se muestra la imagen colgada en el perfil oficial de la Casa Blanca en la red social X:

La reacción en Japón fue especialmente elocuente, donde varios artistas (Hiro Kamigaki entre otros) denunciaron públicamente esta práctica. La crítica se centraba en que, aunque no se estaba copiando una obra concreta, la inteligencia artificial estaba replicando sistemáticamente un estilo artístico único, construido a lo largo de décadas de trabajo creativo y que se relaciona directamente con las obras de dicho estudio. Esta situación planteó una cuestión clave: ¿puede el estilo de un autor o estudio estar protegido por el derecho de autor, incluso si no se reproduce una obra específica?

La legislación japonesa (al igual que la mayoría de las normativas occidentales), no protege el estilo en abstracto, sino la expresión concreta de una idea. Sin embargo, en aquellos casos en los que el estilo es tan identificable y está tan estrechamente vinculado a un autor porque se reproduce la propia originalidad de alguna de las obras en las que se plasma, podría interpretarse que su reproducción sistemática y con fines comerciales vulnera tanto el derecho moral como patrimonial del creador.

Este caso también pone en evidencia la diferencia entre uso para entrenamiento (más tolerado legalmente) y uso para disfrute o explotación comercial, que sí puede constituir una infracción. Cuando la IA no se limita a aprender del estilo, sino que lo imita deliberadamente y en su totalidad, se abre la puerta a una posible colisión directa con los derechos de autor.

En definitiva, el uso del estilo Ghibli mediante herramientas de inteligencia artificial revela un vacío legislativo entre la inspiración legítima y la apropiación indebida de la misma. Mientras el derecho de autor tradicional no protege los estilos en sí mismos, la evolución de los sistemas generativos plantea la necesidad de revisar si ciertas formas de imitación sistemática y automatizada deberían ser objeto de una regulación específica.

VI. CONCLUSIONES Y REFLEXIÓN FINAL

En el contexto actual de desarrollo tecnológico, resulta imprescindible remunerar adecuadamente a los autores cuyas obras se utilizan en el entrenamiento de modelos de inteligencia artificial. No es solo una cuestión jurídica, sino también cultural. El objetivo de fomentar la creatividad y preservar la diversidad expresiva exige determinar unos incentivos claros para quienes generan contenidos originales.

La inteligencia artificial es evidente que se nutre de obras preexistentes. Si no se garantiza una protección efectiva de estas, el propio desarrollo de la IA se verá perjudicado a medio plazo por una eventual escasez de nuevas creaciones.

Para establecer un sistema justo, la legislación europea debe evolucionar y responder a las nuevas demandas de esta nueva era tecnológica. Esta evolución legislativa debe ir acompañada de mecanismos efectivos de transparencia y trazabilidad, que permitan a los autores conocer en qué medida se están utilizando sus obras y, en consecuencia, acceder a una remuneración que sea proporcional y justa.

La urgencia es evidente. El uso no autorizado de obras ya está produciendo efectos perjudiciales sobre los autores, debilitando su posición jurídica y económica. Postergar una respuesta regulatoria solo contribuye a agravar el desequilibrio existente entre desarrolladores tecnológicos y creadores.

Por último, conviene hacer una reflexión más amplia; vivimos en una era en la que se destinan recursos considerables a optimizar el uso de la IA (formación de perfiles especializados, inversión empresarial, automatización de procesos creativos...), mientras que se reduce progresivamente el tiempo y el valor que se otorga al acto genuino de crear por parte de las personas físicas. El derecho de autor, como instrumento de defensa de la creatividad humana, debe adaptarse para seguir cumpliendo su función esencial en las siguientes etapas tecnológicas.

VII. BIBLIOGRAFÍA

• P. CÁMARA ÁGUILA, S. LÓPEZ MAZA, G. MINERO ALEJANDRE, C. BRAGADO HERRERO DE EGAÑA, "Aportaciones del centro de investigación en propiedad intelectual (CIPI) de la Universidad Autónoma de Madrid, al proyecto de

Real Decreto por el que se regula la concesión de licencias colectivas ampliadas para la explotación masiva de obras y prestaciones protegidas por derechos de propiedad intelectual para el desarrollo de modelos de inteligencia artificial de uso general", Pe. i.: *Revista de propiedad intelectual*, Núm. 78, 2024, pp. 63-83.

• R. CASAS VALLÉS, "Comentario al artículo 40 bis", en *Comentarios a la Ley de Propiedad Intelectual,* Coord. Rodrigo Bercovitz Rodríguez-Cano, Tecnos, 2017, pp. 791-836.

• CEDRO, "Entrenar la IAG con obras protegidas sin permiso infringiría la normativa europea", Blog CEDRO, 11 de septiembre de 2024, disponible en: https://www.cedro.org/sala-de-prensa/noticias/noticia/2024/09/11/entrenar-la-iag-con-obras-protegidas-sin-permiso-infringiria-la-normativa-europea.

• T. W. DORNIS, "The Training of Generative AI Is Not Text and Data Mining", *European Intellectual Property Review* (E.I.P.R.), núm. 2 (2025), pp. 1-28, disponible en: https://papers.ssrn.com/sol3/papers.cfm?abstract_id=4664520.

• D. FUENTES LAHOZ, "Tensiones entre la IA y los tribunales: licencias colectivas como solución", El Confidencial, 16 de diciembre de 2024, disponible en: https://blogs.elconfidencial.com/juridico/tribuna/2024-12-16/tensiones-ia-tribunales-licencias-colectivas_4022374/

• G. MINERO ALEJANDRE, "Los dos límites (el obligatorio y el optativo) de minería de textos y datos", en *La Directiva de mercado único digital y su incorporación al derecho español*, coord. Pilar Cámara Águila e Ignacio Garrote Fernández-Díez, Tirant Lo Blanch, 2024, pp. 41-149.

• G. MINERO ALEJANDRE, "Inteligencia artificial y propiedad intelectual", en *Derecho, nuevas tecnologías e inteligencia artificial*, C. Alonso Salgado (Dir.), Dykinson, 2024, pp. 86-98.

• J. A. MORENO, "¿Pueden las licencias colectivas extendidas facilitar el desarrollo de los modelos de la IA?", Blog Lvcentinvs, 4 de diciembre de 2024, disponible en: https://www.lvcentinvs.es/2024/12/04/pueden-las-licencias-colectivas-extendidas-facilitar-el-desarrollo-de-los-modelos-de-la-ia/

• E. ORDÚÑEZ, H. SUÁREZ y C. VILLASANTE, "Regulación de licencias colectivas para explotación de obras protegidas en modelos de IA", Blog de ÉCIJA Abogados, disponible en: https://ecija.com/sala-de-prensa/regulacion-de-licencias-colectivas-para-explotacion-de-obras-protegidas-en-modelos-de-ia/

• S. PASCUA VICENTE, "Precedentes europeos en la regulación de licencias colectivas de efecto ampliado", Blog del Instituto Autor, disponible en: https://institutoautor.org/precedentes-europeos-en-la-regulacion-de-licencias-colectivas-de-efecto-ampliado/

• S. PASCUA VICENTE, "Francia: se presenta una proposición de ley para regular la inteligencia artificial a través de los derechos de propiedad intelectual", Blog del Instituto Autor, disponible en: https://institutoautor.org/francia-se-presenta-una-proposicion-de-ley-para-regular-la-inteligencia-artificial-a-traves-de-los-derechos-de -propiedad-intelectual/

• THINKFIDE, "Entrenamiento de la inteligencia artificial: aspectos de propiedad intelectual, límite de minería de textos y datos, licencias colectivas ampliadas y remuneración", disponible en: https://thinkfide.com/entrenamiento-de-la-inteligencia -artificial-aspectos-de-propiedad-intelectual-limite-de-mineria-de-textos-y-datos-licencias-colectivas-ampliadas-y-remuneracion/

• UNITED STATES COPYRIGHT OFFICE, Carta dirigida a Van Lindberg relativa al caso "Zarya of the Dawn" (Registration # VAu001480196), Washington D.C., 21 de febrero de 2023, disponible en: https://www.copyright.gov.

V. LA LUCHA POR LA CREATIVIDAD EN LA PANTALLA DEL CINE

MARÍA GÓMEZ MANTECÓN

Estudiante de la XIX edición del Máster en Propiedad Intelectual, Industrial y Nuevas Tecnologías de la Universidad Autónoma de Madrid

RESUMEN: El presente trabajo tiene como intención poner el foco de atención en la línea que separa la inspiración de la reproducción y de la transformación. En la industria cinematográfica es frecuente encontrarse con transformaciones no consentidas por el titular de la obra audiovisual. Esto genera conflictos y litigios que siguen suponiendo a día de hoy un problema en la sociedad, especialmente para los sujetos implicados, como los autores, artistas, intérpretes y ejecutantes. En este capítulo nos centraremos en la protección de los autores de las obras audiovisuales. Para ello, recordaremos en primer lugar el concepto de originalidad de las obras, así como los distintos derechos exclusivos que tienen los autores intelectuales y las principales amenazas que sufren en esta nueva era digital. Una vez definido el objeto, estudiaremos dos casos españoles recientes que permiten ver cómo se producen estos fenómenos en la práctica. Por un lado, veremos un suceso en el que nuestros tribunales vuelven a dar relevancia a la carga probatoria recogida en nuestro texto legal, concretamente en el artículo 217 LEC. Por otro lado, estudiaremos la originalidad de la obra derivada, así como la necesidad de consentimiento del titular de la obra preexistente. Llegados a este punto, se podrá observar cómo la doctrina influye en las decisiones de nuestros tribunales y cómo, a veces la norma no nos ofrece todas las respuestas que necesitamos. Finalmente, se pondrá de manifiesto algún ejemplo que permitirá que observemos que el fenómeno de la transformación frente a la inspiración tiene un alcance internacional e histórico-cultural, siendo una práctica habitual desde tiempos inmemoriales.

PALABRAS CLAVE: Originalidad, inspiración, consentimiento, derechos exclusivos, obra en colaboración, obra colectiva, obra preexistente, obra derivada, plagio, reproducción, piratería, transformación ilícita, carga probatoria.

INTRODUCCIÓN A LA DISTINCIÓN ENTRE INSPIRACIÓN, PLAGIO Y TRANSFORMACIÓN ILÍCITA. **III. PLAGIO DEL GUION DE LA PELÍCULA "CORAZONES PÚRPURA". IV. PRESUNTA INFRACCIÓN DEL DERECHO DE TRANSFORMACIÓN: LA REINA DE ESPAÑA. 1.** ANTECEDENTES. LA CESIÓN DE LOS DERECHOS SOBRE LA TRANSFORMACIÓN DE LA OBRA. **2.** LA FALTA DE RECOGNOSCIBILIDAD DEL GUION PREEXISTENTE COMO ELEMENTO DESTACABLE. **V. TRANSFORMACIÓN ILÍCITA, ¿HECHO AISLADO O PRÁCTICA HABITUAL? 1.** ¿ES LA TRANSFORMACIÓN ILÍCITA ALGO HABITUAL PRACTICADO A LO LARGO DE LA HISTORIA? **2.** EL FAMOSO E HISTÓRICO CASO DE NOSFERATU Y DRÁCULA. **V. JURISPRUDENCIA. VI. BIBLIOGRAFÍA.**

I. BREVE INTRODUCCIÓN

El cine, como forma de arte, se ha alimentado a lo largo de la historia de referencias y homenajes. Este fenómeno ha generado un constante debate sobre la delgada línea que separa la mera inspiración del plagio, o de la transformación no autorizada por el titular del derecho. En el caso de la industria cinematográfica, algunos ejemplos como los grandes filmes *El día de la bestia*, de Álex de la Iglesia, o *Tesis*, de Alejandro Amenábar, son reconocidos, no sólo por su originalidad, sino también por influencias evidentes. En algunas ocasiones, estas referencias son tan cercanas que nos hacen preguntarnos si estamos hablando realmente de obras originales inspiradas en obras preexistentes, o más bien nos encontramos ante verdaderas transformaciones ilícitas y reproducciones no consentidas por su titular.

Estas preguntas no se limitan a las fronteras del cine español. Por el contrario, atraviesan todas las industrias cinematográficas, especialmente en Hollywood, donde existen grandes similitudes entre películas con altos presupuestos y obras anteriores trasladadas a la gran pantalla. Esta situación hace que nos planteemos constantemente debates legales y éticos sobre la originalidad de las obras audiovisuales.

II. ¿ES LA INDUSTRIA CINEMATOGRÁFICA REALMENTE ORIGINAL?

1. MERA INSPIRACIÓN VS PLAGIO: LA DIFERENCIA RECAE EN LA ORIGINALIDAD DE LA OBRA

Las películas son creaciones artísticas que, por su naturaleza, deben cumplir con el requisito más fundamental del derecho de autor: la originalidad. Ser original implica ser fruto de una creación única y propia, y, en ningún caso puede nacer de una copia de un trabajo anterior[1]. Llegados a este punto, tenemos que preguntarnos, ¿dónde acaba la mera inspiración y donde empieza el plagio? Y, en segundo lugar, ¿cuándo estamos ante obras derivadas no autorizadas por su autor?

Antes de responder a estas preguntas, conviene recordar qué las ideas no están protegidas. El derecho de autor vela por la protección de las expresiones originales. Es fundamental tener en cuenta que esta afirmación es rotunda a todos los niveles. El artículo 9.2 del Acuerdo sobre los Aspectos de los Derechos de Propiedad Intelectual relacionados con el Comercio (en adelante Acuerdo sobre los ADPIC)[2] viene a establecer precisamente que las ideas no están protegidas. Indirectamente, el Convenio de Berna[3] (en adelante, CB), identifica en su artículo 2.1 las obras protegidas y recuerda que comprenden todas las producciones en el campo literario, científico y artístico, independientemente de cuál sea el modo o la forma de expresión. De nuevo, las ideas no quedan al amparo de esta normativa.

Sentado lo anterior, debemos recordar que las obras protegidas por el derecho de autor son aquellas que nacen de un proceso libre y creativo, donde el autor tiene suficiente margen de maniobra para tomar decisiones durante la creación. Esta idea ha quedado consolidada gracias a las respuestas que ha dado el Tribunal de Justicia de la Unión Europea (en adelante, TJUE) en diversas ocasiones. Este último ha velado por una protección amplia. A diferencia del derecho de patentes, o del derecho sobre el diseño industrial, el derecho de autor tiene una protección más duradera y garantista. Por ello, son muchos los creadores que desean que sus invenciones estén protegidas también como obras intelectuales. El TJUE ha tenido en cuenta esto último y ha sido muy flexible a la hora de identificar los requisitos esenciales que se deben cumplir para considerar que una creación es una obra

---

1 P. MARISCAL GARRIDO FALLA, *Derecho de transformación y obra derivada*, Tirant lo Blanch, Valencia, 2013, p. 20.
2 El Acuerdo sobre los ADPIC fue firmado en el marco de la Organización Mundial del Comercio (en adelante, OCM) y adoptado como Anexo 1C del Acuerdo por el que se establece la OMC en 1994.
3 Convenio de Berna para la Protección de las Obras Literarias y Artísticas. Berna, 09-09-1886, completado en Paris el 4 de mayo de 1896, revisado en Berlín el 13 de noviembre de 1908, completado en Berna el 20 de marzo de 1914 y revisado en Roma el 2 de junio de 1928, en Bruselas el 26 de junio de 1948, en Estocolmo el 14 de julio de 1967 y en París el 24 de julio de 1971, y enmendado el 28 de septiembre de 1979.

protegida. Así pues, el Tribunal ha permitido proteger numerosas invenciones, siempre y cuando se cumplan unas condiciones mínimas.

Un claro ejemplo de ello es el conocido como caso *Painer*. En su sentencia de 1 de diciembre de 2011 (asunto C-145/10, *Eva-María Painer*), el TJUE aclaró que un retrato fotográfico podía quedar protegido por el derecho de autor, siempre que reflejara las decisiones libres y creativas de la persona que lo realizó. Ahora bien, si por el contrario ese retrato no cumple estas condiciones, es decir, no es fruto de un proceso libre y creativo de toma de decisiones de su autor, no puede ser considerado una obra original. Respecto al encargado de determinar si se cumplen los requisitos, y, por ende, si cabe aplicar las garantías del derecho de autor, son los órganos jurisdiccionales nacionales los que comprueban que el resultado del proceso deriva de esa toma de decisiones libres y creativas[4].

El TJUE ha seguido esta misma línea en varias ocasiones, reforzando los aspectos claves para que una obra sea considerada original y, por tanto, protegida. Recientemente, ha resuelto nuevas cuestiones ampliando el margen de protección. En la sentencia de 12 de septiembre de 2019 del TJUE (C-683/17, Cofemel), este último se pronuncia acerca de la posibilidad de proteger un diseño industrial a través del derecho de autor. Los diseños industriales ya reciben protección jurídica distinta a la recogida en el Texto Refundido de la Ley de Propiedad Intelectual (en adelante, TRLPI)[5] por el mero hecho de ser diseños industriales. En España, están protegidos por la normativa vigente en materia de propiedad industrial, concretamente, por la Ley 20/2003, de 7 de julio, de Protección Jurídica del Diseño Industrial. En la citada sentencia, el TJUE reconoce que, si el creador del diseño ha tenido margen para tomar decisiones, dentro de lo que le ha permitido el propio diseño, este último puede quedar protegido también como obra intelectual. Además, el TJUE ha aclarado que no se debe exigir al diseño industrial más altura creativa que la ya exigida al resto de obras protegidas por derechos de autor[6].

---

4 Sentencia del Tribunal de Justicia de la Unión Europea (Sala Tercera) de 1 de diciembre de 2011, caso *Painer* (ECLI: EU:C:2011:798). Ponente: J. MALENOVSKÝ.
5 Real Decreto Legislativo 1/1996, de 12 de abril, por el que se aprueba el texto refundido de la Ley de Propiedad Intelectual, regularizando, aclarando y armonizando las disposiciones legales vigentes sobre la materia.
6 Sentencia del Tribunal de Justicia de la Unión Europea (Sala Tercera) de 12 de septiembre de 2019, caso *Cofemel Sociedade de Vestuário SA contra G-Star Raw CV* (ECLI:EU:C:2019:721). Ponente: J. MALENOVSKÝ.

En el año 2020, el TJUE resuelve un asunto similar. En este caso, se trata de una invención ya protegida por el derecho de patentes. En la sentencia de 11 de junio de 2020 (C-833/18, Brompton), el TJUE confirma que una bicicleta plegable objeto de una patente ya expirada, puede seguir estando protegida por el derecho de autor. Una invención siempre cumple una funcionalidad técnica. Es decir, es una solución técnica a un problema técnico. Esto último implica que la invención siempre viene condicionada por esa funcionalidad técnica que tiene que cumplir, lo que limita en gran medida la toma de decisiones libre y creativa de su inventor. Si un invento protegido por una patente ha permitido al inventor tomar decisiones más allá de resolver el problema técnico, entonces puede ser también protegido como obra original[7].

Estas decisiones jurisprudenciales demuestran que el concepto de "obra" protegida por el derecho de autor se interpreta de una manera amplia dentro de la Unión Europea y de sus Estados Miembros. Incluso cuando un objeto ya está protegido por otros derechos de propiedad industrial, puede beneficiarse de las garantías que ofrece el TRLPI.

2. LA OBRA AUDIOVISUAL COMO UNA OBRA CON PLURALIDAD DE AUTORES

Previamente a adentrarnos en el fondo del asunto, debemos recordar algunos aspectos clave. La autoría de las obras audiovisuales se rige por lo dispuesto en dos artículos. El artículo 87 del TRLPI establece que, obligatoriamente, son autores de la obra audiovisual: el director-realizador, los guionistas y los autores de composiciones musicales creadas especialmente para la obra audiovisual en concreto. Por tanto, partimos de la base de que las creaciones audiovisuales son obras en colaboración con una multitud de autores que participan y tienen derechos como cotitulares. Por su parte, el artículo mencionado se remite, a su vez, al artículo 7 TRLPI[8] para definir qué es y cómo se protege una obra en colaboración. Este tipo de obras son el resultado de una creación realizada por varios autores. Al ser una coautoría, todos los coautores son sujetos titulares de la misma y, por tanto, se debe tener en cuenta el consentimiento de

---

7 Sentencia del Tribunal de Justicia de la Unión Europea (Sala Quinta) de 11 de junio de 2020, caso *SI, Brompton Bicycle Ltd contra Chedech/Get2Get* (ECLI:EU:C:2020:461). Ponente: E. JUHÁSZ.
8 *Vid.* Art. 7 TRLPI, que define el concepto de obra en colaboración.

todos ellos a la hora de divulgar y modificar la obra en colaboración[9].

Si bien, cuando nos paramos a analizar una película, podemos pensar que tiene más sentido que se regule por el régimen establecido en el artículo 8 TRLPI, esto es, como obras colectivas. Aun así, parece que el legislador ha decidido premiar a los participantes de la obra audiovisual, y para evitar una "pérdida de derechos" ha optado por el régimen del artículo 7 TRLPI. Sin embargo, España no es el único Estado que reconoce la obra audiovisual como un régimen de obra en colaboración. Otras legislaciones nacionales como nuestra vecina Francia han seguido la misma línea argumental[10]. El artículo L113-7 de la *Loi nº92-597 du Julliet 1992, relative au code de la propiété intellectuelle* (en adelante CPI) ampara también el régimen de la obra en colaboración[11].

3. INTRODUCCIÓN A LA DISTINCIÓN ENTRE INSPIRACIÓN, PLAGIO Y TRANSFORMACIÓN ILÍCITA

En la industria del cine, los derechos de explotación se ven constantemente atacados. La reproducción y la distribución se ven amenazados por la piratería. Antes, solíamos hablar de piratería física. Sin embargo, en esta nueva era digital la principal amenaza viene, por un lado, de las páginas webs de enlaces que distribuyen contenido audiovisual gratuito, lucrándose a través de los banners de publicidad; y, por otro lado, de las famosas IPTVs[12] que ofrecen acceso a miles de plataformas que contienen series y películas a precios inferiores a los prestadores de servicios legales[13].

En este contexto, el contenido audiovisual, incluido el cine, llega al público de forma ilícita en muchas ocasiones, generando riesgos económico-culturales y afectando a la percepción de lo que es legítimo y lo que no lo es. Por su parte, la

---

9 M. BENERICE NIGRO, "La autoría de las obras de animación", Pe. i. *Revista de Propiedad Intelectual*, nº 75, 2023, p. 16.

10 M. BENERICE NIGRO, "La autoría de las obras...", cit., p. 17.

11 Francia (1992). Loi nº *nº92-597 du Julliet 1992, relative au code de la propiété intellectuelle* (CPI), versión consolidada 2022).

12 IPTV son las siglas de *Internet Protocol Television*. En castellano, televisión sobre el protocolo IP. Este tipo de difusión consiste en transmitir contenido audiovisual por paquetes. A través de Internet, se envían paquetes de datos que llegan a su destino en el momento preciso en que pueden verse. El funcionamiento es más ágil que otros tipos de difusión y permiten ver en tiempo real eventos deportivos, conciertos, etc.

13 M. LÓPEZ GARCÍA, J. Mª. SOUVIRÓN MORENILLA, *La oferta de contenidos audiovisuales: servicio público, libre competencia y derecho a la información*, Aranzadi, Madrid, 2012, pp. 1-489.

comunicación pública y la transformación de las obras cinematográficas también se ven amenazadas. Las obras derivadas deben ser lícitas, ya que, en caso contrario, pueden afectar a los autores que tienen reconocidos los derechos de reproducción, distribución, comunicación pública y transformación en los artículos 18 al 21, ambos incluidos, del TRLPI. Si embargo, la clave para hablar de obras de nueva creación se encuentra en el concepto de mera inspiración. Es en este contexto en el que surgen dudas sobre si una película hace referencias a una obra original y está influida y homenajea a esa obra preexistente, o si, es una copia flagrante de la misma. Debemos recordar que la copia o la infracción de los derechos de reproducción y transformación se dan si se toman elementos originales de la obra anterior.

En el mundo de las artes plásticas, la idea de mera inspiración es más sencilla de defender. El hecho de crear un cuadro o una escultura genera un esfuerzo creativo y un proceso físico y mental tan personal que ayudan a sostener la idea de originalidad del autor. Esto ocurre porque el segundo autor pinta el cuadro con sus propias manos, lo que implica que la propia ejecución del cuadro ya es distinta a la del primer pintor, y por tanto, original. Sin embargo, en la industria del cine, donde las obras están formadas por miles de elementos complejos como el guion, los diálogos, la música, los personajes, la fotografía, el vestuario, etc; es mucho más difícil distinguir cuándo una película está simplemente inspirada en una creación anterior, y cuando estamos realmente hablando de una imitación o una transformación no consentida por su titular[14].

En el cine, debemos atender con detenimiento a las circunstancias de cada caso en concreto para determinar en qué punto la creación deja de ser original y se convierte en una copia no autorizada de una obra preexistente (transformación ilícita o reproducción no consentida).

Mientras que la reproducción se define en el artículo 18 TRLPI[15] como una fijación total o parcial de la obra original, el artículo 21 TRLPI[16] recoge el concepto de transformación, entendiendo que cualquier traducción, adaptación o modificación de una obra preexistente implica transformar dicha obra. Cuando se habla de

14 G. BERCOVITZ, *Obra plástica y derechos patrimoniales de su autor, Tecnos*, Madrid, 1997, pp. 1-276.
15 *Vid.* Art. 18 TRLPI, el cual define el concepto de derecho de reproducción.
16 *Vid.* Art. 21 TRLPI, que recoge la definición del concepto de derecho de transformación.

transformación, la obra derivada fruto de la obra original debe ser también original. En cambio, cuando se habla de reproducción, la copia total o parcial de la obra original no debe tener originalidad. Es, literalmente, una copia. Esta distinción debe tenerse en cuenta a la hora de analizar cada caso en concreto en los conflictos que surgen en materia de propiedad intelectual, especialmente en la industria cinematográfica, donde la inspiración es común. A continuación, analizaremos dos casos controvertidos en España que versan concretamente sobre estas cuestiones.

III. PLAGIO DEL GUION DE LA PELÍCULA "CORAZONES PÚRPURA"

En el año 2003, el cineasta español Antonio González-Vigil, guionista de la película *Corazones Púrpura* del año 1997, presentó una querella contra el famoso literato Arturo Pérez Reverte. Aparentemente, el guion de la película de titularidad de Gonzalez-Vigil había sido copiado en la obra cinematográfica *Gitano*, del año 2000, en la que Pérez Reverte participó como coguionista junto a Manuel Palacios. Esta querella no tuvo ningún éxito[17].

Sin embargo, años más tarde, González-Vigil, presentó una demanda civil contra los coguionistas de la película *Gitano*. Esta demanda fue desestimada en primera instancia en el año 2008. Frente a este resultado, el cineasta presentó recurso de apelación en la Audiencia Provincial de Madrid que falló estimando parcialmente el recurso interpuesto por los autores de *Corazones Púrpura* y revocando la sentencia del 15 de diciembre de 2008[18]. Esta segunda resolución declaró la existencia de vulneración de derechos de propiedad intelectual, entre otras personas, por el escritor Arturo Pérez Reverte, imponiendo al mismo una condena solidaria de 80.000 euros.

En su Fundamento Primero, la sentencia dictada por la Audiencia establece que la carga probatoria recae sobre las partes conforme al artículo 217 Ley de Enjuiciamiento Civil (en adelante, LEC)[19]. Así pues, nuestros tribunales reiteran y recuerdan la importancia de probar por las partes lo que se sostiene a la hora de

---

17 EFE. "Pérez-Reverte, condenado a pagar 80.000 euros por plagio". Madrid, 14 de septiembre de 2020. Disponible en: https://www.laprovincia.es/cultura/2020/09/15/perez-reverte-condenado-pagar-80-1 0699413.html [Último acceso: 6 de agosto de 2025].
18 Sentencia de la Audiencia Provincial (en adelante SAP) de Madrid, Sección 28ª, de 8 de abril de 2011, (ECLI:ES:APM:2011:2697). Ponente: MARÍA DE LOS ÁNGELES RODRIGUEZ ALIQUE.
19 *Vid.* Artículo 217.2 LEC, que viene a confirmar que corresponde a las partes, actora y demandante, la carga de probar la certeza de los hechos que sostienen, en el momento procesal concreto.

enfrentarse en un litigio. Establece textualmente el Tribunal Supremo que: (…) *resulta imprescindible la aplicación del art. 217 de la Ley de Enjuiciamiento Civil que hace recaer sobre las partes la carga de probar la certeza de los hechos transcendentales para la solución del litigio.*

Llegados a este punto, es importante hacer un paréntesis para explicar la importancia de que nuestros tribunales reiteren la aplicación del artículo 217 LEC. En su apartado segundo, el artículo mencionado establece que son el actor y el demandado los que tienen la carga de probar los hechos que sostienen. En el caso que nos ocupa, González-Vigil es la parte actora, y, por tanto, es la encargada de probar que por parte del escritor se estaba produciendo una vulneración de derechos de propiedad intelectual. Cuando se inicia un litigio por la vía civil, en aras de velar por los derechos de autor, es importante que la prueba sea clara para determinar que ha existido una reproducción no consentida de la obra. En el análisis jurídico de la sentencia, la Audiencia Provincial establece que, a diferencia del actor, el demandado no ha propuesto prueba suficiente que venga a desvirtuar las afirmaciones vertidas por parte del demandante. Así pues, al tomar la decisión final, se tuvo especialmente en cuenta la prueba aportada, o, mejor dicho, no aportada por el demandado. Si Pérez Reverte hubiera intentado probar que no copió la obra original, podríamos haber leído una resolución que no justificara su argumentación en esta falta de prueba, la cual, fue clave para dictar sentencia favorable para Gonzalez-Vigil.

Tras reconocer la importancia que tuvo la falta de prueba para dictar sentencia, debemos ahora profundizar en el Fundamento Tercero. Este fundamento entra en el fondo del asunto. Examina el guion de ambas películas y concluye que existen elementos sustanciales semejantes en el desarrollo y desenlace de la trama, así como en los personajes y sus relaciones interpersonales[20].

Ambas historias giran en torno a Romeo en Corazones Púrpura y a Silvio en Gitano, que acaban de cumplir una condena de dos años de pena privativa de libertad por un delito de tráfico de drogas. En ambos casos, el protagonista mantiene relaciones sexuales con una prostituta y se reencuentra con un antiguo amor que

---

20 SAP Madrid, Sección 28ª, de 8 de abril de 2011, (ECLI:ES:APM:2011:2697). Ponente: MARÍA DE LOS ÁNGELES RODRIGUEZ ALIQUE. Fundamento Tercero.

intenta seducirle para volver a traicionarle. En las dos historias observamos como antagonistas, policías corruptos, y otros personajes afines al mundo de la droga, con actitudes chulescas que intentan incriminar al protagonista. Además, en ambos guiones se pronuncia una de las más conocidas frases del Evangelio: "Mi reino no es de este mundo." Estos elementos son ejemplos de las grandes coincidencias que se producen en los dos textos. ¿Se utilizaron únicamente ideas del primer guion? O, por el contrario, ¿se copió descaradamente la primera obra audiovisual? Recordemos que, como ya hemos mencionado, las ideas no están protegidas por la Propiedad Intelectual. Finalmente, la Audiencia Provincial estimó parcialmente el recurso de apelación y revocó la sentencia del 15 de diciembre de 2008. El citado tribunal entendió que, efectivamente, se trataba de una copia de la primera obra audiovisual[21].

En este caso se ve un claro ejemplo de la importancia que tiene aportar una prueba suficiente y fundada para demostrar que no hay una mera inspiración, sino una copia literal no consentida por su autor. Muchos pleitos giran precisamente en torno a la prueba aportada. Si existe una vulneración de los derechos exclusivos es necesario acreditar lo que se sostiene para evitar resoluciones desfavorables. Recordemos que, los derechos de reproducción generan remuneración para los autores, pero también para los artistas, intérpretes y ejecutantes, por lo que, son muchos los sujetos que pueden verse desamparados.

Lo interesante de esta sentencia recae en el análisis comparativo de los dos guiones que se lleva a cabo por la Audiencia Provincial. Se consideró que existía una relación evidente y demostrada por el perito de parte entre los dos guiones. Posiblemente, si la segunda obra se hubiera inspirado en la primera, se podrían reconocer ciertos elementos, pero los guiones presentarían diferencias evidentes.

IV. PRESUNTA INFRACCIÓN DEL DERECHO DE TRANSFORMACIÓN: LA REINA DE ESPAÑA

1. ANTECEDENTES. LA CESIÓN DE LOS DERECHOS SOBRE LA TRANSFORMACIÓN DE LA OBRA

En el mes de enero del año 2017, los coguionistas Carlos López y Manuel Ángel Egea, presentaron ante los juzgados mercantiles de Madrid, una demanda

---

21 SAP Madrid, Sección 28ª, 8 abr. 2011, cit., Fundamento Sexto.

contra el famoso director de cine Fernando Trueba, y contra su productora Fernando Producciones Cinematográficas, S.A. La demanda se fundamentaba en la supuesta vulneración de derechos de propiedad intelectual por parte del director español en su película La reina de España, estrenada en el año 2016. Esta producción consistía en una secuela de la película original La niña de tus ojos, del año 98, en la cual, participaron como guionistas Carlos López y Manuel Ángel Egea, junto con Rafael Azcona y David Trueba. Los dos primeros guionistas entendían que, en la secuela, Trueba había utilizado el guion de la obra original y preexistente, lo cual implicaba una transformación ilícita y no autorizada por sus titulares[22].

El Juzgado de lo Mercantil n°11 de Madrid desestimó la demanda. El juzgado madrileño entendió que, si bien existía una transformación no autorizada, los demandantes habían firmado un contrato en el que cedían el derecho de transformación. Contra este resultado, los guionistas interpusieron recurso de apelación ante la Audiencia Provincial de Madrid[23], que en su resolución volvió a fallar a favor de Trueba, pero con una argumentación un tanto distinta. Es posiblemente la respuesta que da a este problema la Audiencia Provincial, la que más nos interesa a efectos prácticos[24].

2. LA FALTA DE RECOGNOSCIBILIDAD DEL GUION PREEXISTENTE COMO ELEMENTO DESTACABLE

Los guionistas alegaban ser los coautores del guion cinematográfico de la película La niña de tus ojos, y por tanto titulares de los derechos sobre la película. Si esto fuera así, efectivamente, Trueba habría creado una obra derivada sin consentimiento de los titulares de la obra original. Llegados a este punto, la sentencia de la Audiencia Provincial diferenció tres cuestiones importantes[25].

22 X. SERRA, "Fernando Trueba, absuelto de la acusación de plagio por La reina de España", ARA.cat, Madrid, 3 de noviembre de 2020. Disponible en: https://es.ara.cat/cultura/fernando-trueba-plagio-la-ni-na-de-tus-ojos-la-reina-de-espana_1_2554332.html [Último acceso: 6 de agosto de 2025]. RTVE.es, "Los tribunales reconocen a Fernando Trueba como autor de La Reina de España", RTVE.es, Madrid, 3 de noviembre de 2020. Disponible en: https://www.rtve.es/noticias/20201103/fernando-trueba-justi-cia-reina-espana/2052421.shtml [Último acceso: 6 de agosto de 2025].
23 SAP Madrid, Sección 28ª, de 19 de octubre de 2020 (ECLI:ES:APM:2020:12903). Ponente: Pedro Gómez.
24 X. SERRA, "Fernando Trueba, absuelto de la acusación...", cit.
25 SAP Madrid, Sección 28ª, 19 oct. 2020, cit.

En primer lugar, hace referencia a la fundamentación jurídica del Juzgado de lo Mercantil nº11 de Madrid. En su Fundamento Segundo se estableció que el guion definitivo de la película *La niña de tus ojos* no era en realidad titularidad de los demandantes. Estos últimos, habían participado en una primera versión del guion. Sin embargo, hubo hasta seis alteraciones posteriores hasta llegar el guion definitivo de la película. En este último texto cinematográfico ninguno de los dos demandantes participó en la redacción. A pesar de ello, y posiblemente para evitar conflictos, se decidió añadir en los títulos de los créditos a los cuatro "coguionistas" (Rafael Azcona y David Trueba junto con demandantes, Carlos López y Manuel Ángel Egea)[26].

La Audiencia, entendió que, si bien se decidió incluir a dos personas sin derechos de autor sobre el guion en los créditos de la película, el hecho de aparecer en los mismos no implicaba que los demandantes hubieran adquirido la condición de coautores. En la sentencia que resolvió el recurso, se estableció textualmente lo siguiente: (…) *la condición de autor solamente se adquiere por la realización del acto creativo, esto es, por el alumbramiento de la obra, sin que un mero pacto entre las partes interesadas por el que se consiente la publicación de una realidad diferente tenga la virtud de hacer inherentes si no ha existido dicho acto creativo* (…).

Tras reiterar la respuesta ya dada por el Jugado de lo Mercantil nº11 de Madrid, la Audiencia identifica los hechos controvertidos. En primer lugar, si la secuela *La reina de España* es una obra derivada de *La Niña de tus Ojos*. En segundo lugar, si, en caso de que lo fuera, sería o no reconocible como obra derivada. Si no es reconocible, no es obra derivada ilícita.

A continuación, analizaremos cómo se resolvió el recurso por la citada Audiencia Provincial. Por un lado, debemos recordar lo que hemos dicho al principio de este capítulo. El elemento más nuclear de una obra protegida por derechos de autor debe ser su originalidad. Una obra es una creación libre y original. Para que haya una transformación, y no una mera reproducción, la obra derivada tiene que ser original. Si, por el contrario, una película copia literalmente el guion de otra obra preexistente, no estaríamos ante una obra derivada ni frente a una transformación ilícita, sino frente a un plagio o copia literal sin originalidad. No debemos olvidarnos, como bien es

---

26 SAP Madrid, Sección 28ª, 19 oct. 2020, cit. Fundamento Segundo.

sabido, de que por esta copia también habría que abonar la correspondiente remuneración. Si la segunda película fuera una imitación literal, atentaría, si eso, contra el derecho de reproducción, pero, de ninguna forma podría afectar al derecho de transformación. Esta diferenciación es esencial para comprender que caben dos resoluciones, dependiendo de las circunstancias del caso. O bien, hablamos de una obra derivada no consentida por el titular, que vulnera el derecho exclusivo de transformación, o bien, encontramos una copia literal, es decir, un plagio, que afecta al derecho exclusivo de reproducción.

Habiendo dejado esto claro, volvemos al análisis jurídico. La Audiencia concluye que en este caso se trata de una obra derivada o un *spin-off* donde algunos elementos sustanciales coinciden. La segunda obra coloca nuevos personajes con algunas características similares a los personajes de la primera película en una nueva realidad espacio-cultural y con una historia diferente a la original[27].

Sentada esta cuestión, la sentencia hace mención de una idea sostenida por algunos autores doctrinales. Algunos estudiosos han defendido que no siempre es necesaria la autorización del autor. Esta afirmación, sin contexto, puede resultarnos crítica, sin embargo, teniendo en cuenta su contexto puede tener mucho sentido. Cuando en una obra derivada es reconocible la obra preexistente porque los elementos que se adaptan son sustanciales y esenciales, es evidente que se requiere del consentimiento de su titular para poder crear esa nueva obra[28]. Ahora bien, si la transformación utiliza elementos originales y propios de la primera obra que no estaban verdaderamente presentes, entonces no hay una intención de derivar ni transformar elementos reconocibles. La sentencia pone en valor la opinión de la doctrina, entre la que se encuentran Mariscal Garrido Falla, Palau Ramírez, Tactuk Retif o el profesor Germán Bercovitz.

La mencionada sentencia establece textualmente que: (…) *el guion de los demandantes resulta irreconocible en La Reina De España porque, siendo completamente diferentes tanto el contexto espaciotemporal como las historias que se relatan en una y otra obra, el guion de La Reina De España solamente toma de la obra*

27 SAP Madrid, Sección 28ª, 19 oct. 2020, cit. Fundamento Quinto.
28 G. BERCOVITZ, *Obra plástica y derechos patrimoniales…*, cit.

derivada La Niña De Tus Ojos elementos (personajes) que son absolutamente genuinos de este guion y cuyas peculiaridades no se encontraban presentes en la obra originaria La Niña De Sus Ojos. (…)[29].

En definitiva, en este caso, se entendió que en el segundo guion no había elementos reconocibles del primero. Por esta razón, la Audiencia Provincial volvió a desestimar la demanda. De estos dos casos expuestos y resueltos por nuestros tribunales, me parece que se deben destacar algunas ideas claves. En primer lugar, la importancia que tiene en un litigio el hecho de aportar una prueba suficientemente clara para convencer al juez de las pretensiones que sostenemos. Y, en segundo lugar, no sólo como influye la doctrina en las decisiones de nuestros tribunales, sino, además, cómo nuestro derecho resuelve en reiteradas ocasiones atendiendo a las circunstancias de cada caso en concreto, los problemas que afectan a la propiedad intelectual en la actualidad, especialmente, cuando se encuentra como protagonista la industria cinematográfica.

V. TRANSFORMACIÓN ILÍCITA, ¿HECHO AISLADO O PRÁCTICA HABITUAL?

1. ¿ES LA TRANSFORMACIÓN ILÍCITA ALGO HABITUAL PRACTICADO A LO LARGO DE LA HISTORIA?

La transformación es un fenómeno que se ha producido en nuestra sociedad desde tiempos inmemoriales. El artículo 11 TRLPI distingue un listado de obras derivadas. En su apartado quinto, incluye como obra derivada toda transformación de una obra literaria, artística y científica[30]. En el mundo audiovisual, nos encontramos habitualmente con transformaciones de una obra literaria a una obra audiovisual, así como de elaboraciones de segundas y terceras partes de una misma historia.

En su monografía *Derecho de transformación y obra derivada*, la profesora Patricia Mariscal ya plasmó en el año 2013 la preocupación que generaba para los autores la transformación de sus obras. Miguel de Cervantes, cuando publicó la segunda parte de su novela *El ingenioso hidalgo Don Quijote de la Mancha*, dejó

---

29 SAP Madrid, Sección 28ª, 19 oct. 2020, cit. Fundamento Quinto.
30 *Vid.* Artículo 11 TRLPI que establece el concepto de obra derivada e indica un listado de aquellas transformaciones consideradas como tal.

plasmado en uno de sus capítulos la crítica a una secuela publicada en Tarragona a principios del siglo XVII, la cual, no había sido consentida por el famoso alcalaíno[31].

Es frecuente encontrarnos con numerosas obras que han sido transformadas. En el caso del cine, la adaptación de obras literarias a la gran pantalla es una fuente de ingresos que muchos autores han sabido aprovechar. *Harry Potter, El señor de los anillos, Juego de tronos*, son algunos de los muchos ejemplos de obras que han generado grandes sumas dinerarias. Ahora bien, ya hemos señalado la diferencia entre la reproducción y la transformación. Las obras derivadas han sido protegidas como obras independientes y originales incluso con anterioridad a ser reconocidas en el CB[32].

Es evidente que la creación de obras derivadas es frecuente desde siempre, no sólo en España, sino a nivel mundial. Aquí, surge en muchas ocasiones la dificultad para distinguir entre la línea que separa la inspiración del plagio realizado a través de transformaciones ilícitas.

2. EL FAMOSO E HISTÓRICO CASO DE NOSFERATU Y DRÁCULA

Para terminar con este capítulo vamos a analizar muy brevemente un caso que sale de las fronteras nacionales. Es un suceso antiguo, pero muy curioso para entender que, en la industria del cine, al ser las obras audiovisuales elementos tan complejos, es fácil encontrar similitudes en muchos elementos. Y no sólo eso, sino también, que no siempre la comparación se produce entre películas, sino también, puede compararse una novela y una película. Este es el famoso caso de *Nosferatu vs. Drácula*.

La película original, primitiva, *Nosferatu* del año 1922 se vio involucrada en un conflicto por infracción de derechos de autor frente a la mujer viuda del autor de la novela original de Drácula (del año 1897). El proyecto audiovisual se inspiró en la novela de Bram Stoker, pero ¿realmente fue una mera inspiración? O, ¿copia literal – plagio o transformación ilícita? La viuda del autor de la novela de *Drácula* demandó al director de la película Nosferatu entendiendo que, si bien se habían modificado algunos nombres y escenarios, la trama se mantenía intacta. Un ser sobrenatural

---

31 P. MARISCAL GARRIDO FALLA, D*erecho de transformación y obra derivada...*, cit., p. 20.
32 P. MARISCAL GARRIDO FALLA, *Derecho de transformación y obra derivada...*, cit., p. 23.

llamado Nosferatu (Drácula) viaja a la ciudad de Wisborg (Londres) para sembrar el caos y la muerte, mientras que un joven y su esposa luchan por sobrevivir a la amenaza.

¿Curioso verdad? Se condenó a la productora de la película. Sin embargo, el impacto de *Nosferatu* había sido tan grande que, a pesar de la orden judicial de destrucción, algunas copias de la película sobrevivieron. Estas copias fueron ocultadas y distribuidas clandestinamente, lo que permitió que la película perdurara y se restaurara con el tiempo. *Nosferatu* fue proyectada en varios países, incluyendo Estados Unidos, y se consolidó como una de las películas más influyentes en la historia del cine de terror[33].

V. JURISPRUDENCIA

• Sentencia del Tribunal de Justicia de la Unión Europea (Sala Tercera) de 1 de diciembre de 2011, caso *Painer* (ECLI: EU:C:2011:798). Ponente: J. MALENOVSKÝ.
• Sentencia del Tribunal de Justicia de la Unión Europea (Sala Tercera) de 12 de septiembre de 2019, caso *Cofemel Sociedade de Vestuário SA* contra *G-Star Raw CV* (ECLI:EU:C:2019:721). Ponente: J. MALENOVSKÝ.
• Sentencia del Tribunal de Justicia de la Unión Europea (Sala Quinta) de 11 de junio de 2020, caso *SI, Brompton Bicycle Ltd contra Chedech/Get2Get* (ECLI:EU:C:2020:461). Ponente: E. JUHÁSZ.
• Sentencia de la Audiencia Provincial (en adelante SAP) de Madrid, Sección 28ª, de 8 de abril de 2011, (ECLI:ES:APM:2011:2697). Ponente: MARÍA DE LOS ÁNGELES RODRIGUEZ ALIQUE.
• SAP Madrid, Sección 28ª, de 19 de octubre de 2020 (ECLI:ES:APM:2020:12903). Ponente: PEDRO GÓMEZ.

VI. BIBLIOGRAFÍA

• G. BELINCHÓN "Nosferatu: del juicio por plagio a Drácula, que perdió a manos de

---

[33] F. S. CARRASCOSA, "El plagio a Bram Stoker que casi destruye a Nosferatu", *National Geographic*, 16 de enero de 2025. Disponible en: https://historia.nationalgeographic.com.es/a/plagio-a-bram-stoker -que-casi-destruye-nosferatu_22478 [Último acceso: 6 de agosto de 2025]. G. BELINCHÓN "Nosferatu: del juicio por plagio a Drácula, que perdió a manos de la viuda de Bram Stoker al rito satánico que profanó la tumba de su director", *La Nación*, 11 de mayo de 2022. Disponible en: https://www.lanacion.com.ar/ espectaculos/cine/nosferatu-del-juicio-por-plagio-a-dracula-que-perdio-a-manos-de-bram-stok er-al-rito-nid11052022/ [Último acceso: 6 de agosto de 2025].

la viuda de Bram Stoker al rito satánico que profanó la tumba de su director", *La Nación*, 11 de mayo de 2022. Disponible en: https://www.lanacion.com.ar/espectaculos/cine/nosferatu-del-juicio-por-plagio-a-dracula-que-perdio-a-manos-de-la-viuda-de-bram-stoker-al-rito-nid11052022/ [Último acceso: 6 de agosto de 2025].

• M. BENERICE NIGRO, "La autoría de las obras de animación", *Pe. i. Revista de Propiedad Intelectual*, nº 75, 2023.

• G. BERCOVITZ, O*bra plástica y derechos patrimoniales de su autor*, Tecnos, Madrid, 1997.

• F. S. CARRASCOSA, "El plagio a Bram Stoker que casi destruye a Nosferatu", *National Geographic*, 16 de enero de 2025. Disponible en: https://historia.nationalgeographic.com.es/a/plagio-a-bram-stoker-que-casi-destruye-nosferatu_22478 [Último acceso: 6 de agosto de 2025].

• EFE. "Pérez-Reverte, condenado a pagar 80.000 euros por plagio". Madrid, 14 de septiembre de 2020. Disponible en: https://www.laprovincia.es/cultura/2020/09/15/perez-reverte-condenado-pagar-80-10699413.html [Último acceso: 6 de agosto de 2025].

• M. LÓPEZ GARCÍA, J. Mª. SOUVIRÓN MORENILLA, *La oferta de contenidos audiovisuales: servicio público, libre competencia y derecho a la información*, Aranzadi, Madrid, 2012.

• P. MARISCAL GARRIDO FALLA, *Derecho de transformación y obra derivada*, Tirant lo Blanch, Valencia, 2013.

• RTVE.es, "Los tribunales reconocen a Fernando Trueba como autor de *La Reina de España*", RTVE.es, Madrid, 3 de noviembre de 2020. Disponible en: https://www.rtve.es/noticias/20201103/fernando-trueba-justicia-reina-espana/2052421.shtml [Último acceso: 6 de agosto de 2025].

• X. SERRA, "Fernando Trueba, absuelto de la acusación de plagio por *La reina de España*", ARA.cat, Madrid, 3 de noviembre de 2020. Disponible en: https://es.ara.cat/cultura/fernando-trueba-plagio-la-nina-de-tus-ojos-la-reina-de-espana_1_2554332.html [Último acceso: 6 de agosto de 2025].

JAVIER INIESTA ALBA

Estudiante de la XIX edición del Máster Propiedad Intelectual, Industrial y Nuevas Tecnologías de la Universidad Autónoma de Madrid

RESUMEN: La música ha evolucionado, madurado y mutado en las distintas corrientes y géneros que conocemos hoy en día gracias a la influencia ejercida entre sus autores a través del estudio mutuo, la inspiración y, en ocasiones, la imitación. Sin embargo, muchos han sido también los que, con esta excusa, se han aprovechado de manera directa del ingenio ajeno. Por ello, tanto doctrina como jurisprudencia han sentado las bases para determinar cuál es el límite entre la inspiración y el plagio en la obra musical. Este límite o línea divisoria, francamente difuso, es el que trata de concretar este artículo a través del análisis de la doctrina existente, así como de las numerosas sentencias, tanto del Tribunal de Justicia de la Unión Europea como de tribunales nacionales que, por medio de aportaciones fragmentadas, han creado un mosaico interpretativo con el que enfrentar esta discusión.

PALABRAS CLAVE: Propiedad intelectual, derechos de autor, obra musical, plagio, originalidad, melodía, armonía, *sampling*.

SUMARIO: I. INTRODUCCIÓN. II. EL PLAGIO EN LA OBRA MUSICAL. 1. LA OBRA MUSICAL. ELEMENTOS DETERMINANTES PARA SU PROTECCIÓN. **2.** EL CONCEPTO DE PLAGIO PARA EL DERECHO CIVIL. DOCTRINA DEL TRIBUNAL SUPREMO. **3.** LA APLICACIÓN DEL PLAGIO A LA OBRA MUSICAL. **3.1.** *Parámetros generales de apreciación del plagio en la obra musical.* **3.2.** *Otros supuestos de reutilización potencialmente indebida de la obra musical: el sampling y los arreglos musicales.* **III. JURISPRUDENCIA RELEVANTE. 1.** EL PANORAMA INTERNACIONAL. **2.** EL PLAGIO MUSICAL EN LOS TRIBUNALES ESPAÑOLES. **2.1** La bicicleta (Shakira y Carlos Vives). **2.2** Otras sentencias relevantes (Me gustas tú y Aserejé). **IV. CONCLUSIONES. V. BIBLIOGRAFÍA.**

I. INTRODUCCIÓN

Las creaciones musicales han formado parte la cultura de nuestras comunidades a lo largo de toda la historia, acompañando desde los actos más triviales a aquellos con mayor importancia. Su producción ha sido inmensa y ha condicionado la forma de entender nuestras culturas y nuestros estilos de vida. Debido a la gran importancia que rodea a este arte, se han regulado y protegido estas creaciones, con la intención de resguardar a sus autores de las posibles injerencias que puedan sufrir sus obras.

Sin embargo, la evolución de la música no se ha posibilitado gracias a la regulación restrictiva de los legisladores, sino, contrariamente, como consecuencia de la influencia ejercida de unos autores sobre otros. Ello se ha traducido en la creación y evolución de estilos musicales innovadores abriendo camino a nuevas formas de creación. Tanto es así que, a lo largo de la historia, todos los compositores han recibido influencia de sus predecesores a través del estudio, el aprendizaje, la imitación y el perfeccionamiento de las técnicas compositivas anteriores.

Desde las primeras manifestaciones artístico-musicales hasta el día de hoy, se han encadenado cambios significativos que han sido tomados por autores posteriores y modificados de nuevo en una cadena de evolución artística. Desde el establecimiento de la tonalidad como base armónica esencial por los compositores barrocos, aún empleada en la música popular actual, a la aparición de nuevas formas de creación y enlace de acordes en la época romántica o la innovación y empleo de diferentes ritmos acompañada de la invención de nuevos instrumentos musicales que dieron lugar al surgimiento del *blues* y posteriormente del *rock* en Estados Unidos, los compositores han imitado y tomado ideas de sus predecesores para la creación de nuevos estilos artísticos[1].

Tanto es así que la Constitución Española reconoció la libertad de creación artística como un derecho fundamental[2], en defensa de la evolución del arte que hace posible el enriquecimiento cultural de nuestra sociedad. Por otro lado, también ha considerado necesario el legislador proteger a estos creadores para evitar que la

---

[1] J. P. BURKHOLDER, D. J. GROUT y C. V. PALISCA. *Historia de la música occidental*, 9ª edición, Alianza Editorial, Madrid, 2019.
[2] Artículo 20.1 apartado b) de la Constitución Española: "Se reconocen y protegen los derechos a la producción y creación literaria, artística, científica y técnica". El precepto está incluido en el Título I, Capítulo segundo, Sección 1.ª (*De los derechos fundamentales y de las libertades públicas*).

inspiración y la influencia se conviertan en un aprovechamiento injustificado del ingenio artístico ajeno, y es este equilibrio entre inspiración y copia el que nos concierne.

II. EL PLAGIO EN LA OBRA MUSICAL
1. LA OBRA MUSICAL. ELEMENTOS DETERMINANTES PARA SU PROTECCIÓN

Procede analizar brevemente, en un primer lugar, el concepto de obra musical, pues de esto dependerá posteriormente la existencia o no de plagio o copia de la misma. Es evidente que la falta de carácter de "obra" de la composición musical concreta que tratemos de proteger determinará automáticamente la falta de una infracción sobre la misma. En efecto, solo las obras que cumplan los requisitos exigibles para ser calificadas como tales cuentan con la protección de los derechos de autor que otorga el ordenamiento a través de la normativa de propiedad intelectual. Esto, de acuerdo con la doctrina del Tribunal de Justicia de la Unión Europea (en adelante, TJUE), "implica necesariamente una expresión del objeto de la protección del derecho de autor que la identifique con suficiente precisión y objetividad, aun cuando esta expresión no sea necesariamente permanente"[3]. Por lo tanto, también serán protegibles, y en consecuencia objetos susceptible de plagio, las improvisaciones o cualquier otro tipo de obras musicales efímeras, incluso cuando no hayan sido plasmadas en un soporte físico o tangible.

Las obras musicales son aquellas que se expresan mediante el sonido, que podrá proceder de fuentes muy diversas, pudiendo ser estas fuentes más tradicionales, como la voz y los instrumentos; o de origen menos ortodoxo como sonidos corporales, naturales o creados a través de medios tecnológicos y digitales, muy comunes estos últimos en la música contemporánea. Es preciso señalar que deberá cumplir el requisito de originalidad exigible a cualquier creación para su protección por los derechos de autor, sin más condiciones específicas que las aplicadas al resto de obras.

Sí varían, sin embargo, los elementos concretos a través de los cuales se podrá determinar dicha originalidad, en función de las características específicas de esta clase de creaciones. En el caso de las obras musicales, estas serán el ritmo, la

---

[3] STJUE (Gran sala), de 13 de noviembre de 2018, asunto C 310/17, Levola Hengelo BV, c. Smilde Foods BV, párr 40. (ECLI:EU:C:2018:899).

armonía, la melodía y en menor medida el timbre, así como la letra, protegible separadamente como obra literaria, en caso de que esta forme parte de la composición musical, como es común en la música popular actual[4]. Serán estos elementos, que hacen identificable la obra como objeto de protección, sobre los cuales el autor tendrá derecho a hacer valer su título exclusivo frente a terceros[5].

Establecido el concepto de obra musical, corresponde aplicar los parámetros delineados por la doctrina y la jurisprudencia en materia de plagio a los elementos que configuran la originalidad de este tipo de creaciones, con el objeto de determinar, en su caso, la existencia de una vulneración a los derechos de autor.

2. EL CONCEPTO DE PLAGIO PARA EL DERECHO CIVIL. DOCTRINA DEL TRIBUNAL SUPREMO

A modo meramente ilustrativo, el plagio es, en síntesis, la usurpación del título de autor por aquel que no lo es. Supone, por lo tanto, la atribución como propia de una obra ajena o parte de esta, presentando dicha obra como parte de la creación de un autor que no es el verdadero[6]. Este concepto no está recogido expresamente en la normativa sobre propiedad intelectual y, en concreto, en la Ley de Propiedad Intelectual, que no menciona el término en su articulado. La legislación española tan solo recoge el término "plagio" en la normativa penal, pero no es aplicable al presente análisis puesto que se reduce a aquellos supuestos en los que existe un ánimo de lucro[7], siendo el concepto civil creado doctrinal y jurisprudencialmente más amplio, al quedar eliminado el requisito económico. El plagio, por lo tanto, se expresará o materializará en infracciones que sí están recogidas por la normativa sobre propiedad intelectual, principalmente, en el caso de la música, en la infracción del derecho de reproducción y su eventual comunicación pública, además de poder verse afectados otros derechos como el derecho de transformación o los derechos morales atribuidos al creador de la obra por su condición de autor.

El Tribunal Supremo ha consolidado el concepto de plagio como "todo

---

4 R. BERCOVITZ RODRÍGUEZ-CANO y A. GONZÁLEZ GOZALO, *Manual de propiedad intelectual*, 10a ed., Tirant lo Blanch, Valencia, 2023, pp. 75-77.

5 P. CÁMARA ÁGUILA e I. GARROTE FERNÁNDEZ-DÍEZ, *La unificación del derecho de propiedad intelectual en la Unión Europea*, Tirant lo Blanch, Valencia, 2019, pp. 55.

6 *Vid.* RAE, definición "plagiar": copiar en lo sustancial obras ajenas, dándolas como propias.

7 Artículo 270 del Código Penal.

aquello que supone copiar obras ajenas en lo sustancial" en su sentencia de 28 de enero de 1995[8]. Esta concepción escueta y de escaso contenido refleja verazmente la amplitud del concepto de plagio y, al mismo tiempo, lo define de manera eficiente basando la infracción en la atribución de obras ajenas como propias en sus aspectos fundamentales o sustanciales. Estos elementos sustanciales serán, por lo tanto, los pertinentes en cuanto al análisis de la existencia de plagio y no los componentes contingentes que no aportan originalidad a la obra en cuestión. El Tribunal Supremo, en la misma sentencia, concreta su idea determinando que la obra fruto del plagio "se presenta más bien como una actividad material mecanizada y muy poco intelectual y menos creativa, carente de toda originalidad y de concurrencia de genio o talento humano, aunque aporte cierta manifestación de ingenio". Con dicha afirmación, afianza la concepción del término, determinando la inexistencia de originalidad en la creación resultante del plagio por ser fruto de la mera copia de una obra original anterior. Esto, paradójicamente, no excluye a la obra resultante del plagio de protección, puesto que, a pesar de no ser original en sí misma, sí lo será por proceder de una obra originaria que sí cumple con el requisito de originalidad, sin perjuicio de que dicha originalidad no pueda ser atribuible al creador de la copia y tampoco, por lo tanto, los derechos económicos y morales que puedan surgir respecto de la misma[9].

Siguiendo el análisis del Tribunal Supremo sobre el concepto de plagio, es preciso aclarar que no es exigible la identidad total o literal de la obra copiada o de sus elementos sustanciales, sino que es suficiente la existencia de una similitud suficiente de aquella parte sustancial, de forma que ambas creaciones sean identificables como una procedente de otra. De esta forma, podrán existir variaciones que, a pesar de modificar el aspecto superficial de la obra copiada, tras su estudio se revele una identidad sustancial en sus elementos fundamentales, que no tiene por qué apreciarse desde una perspectiva meramente externa[10].

3. LA APLICACIÓN DEL PLAGIO A LA OBRA MUSICAL

3.1 *Parámetros generales de apreciación del plagio en la obra musical*

Pues bien, con este concepto de plagio defendido por la jurisprudencia, es

---

8 STS (Sala Primera) de 28 enero 1995, n.º 12/1995 (ECLI:ES:TS:1995:359).

9 R. SÁNCHEZ ARISTI, *La propiedad intelectual sobre las obras musicales*, 2ª ed., Comares, Albolote (Granada), 2005, p. 327.

10 *Vid.* STS (Sala Primera) de 26 noviembre 2003, nº 1125/2003 (ECLI:ES:TS:2003:7529), Fundamento de

necesario determinar cómo se aplica a los elementos fundamentales de la obra musical y cómo afecta, en este sentido, a los aspectos sustanciales de la misma. Como ha sido expuesto de manera breve, los elementos a analizar serán la melodía, la armonía, el ritmo y la letra, en caso de que esta forme parte de la composición musical.

La melodía es el componente más significativo de la obra musical por ser el más reconocible y distintivo de la misma, además de ser aquel con mayores posibilidades en cuanto a libertad creativa y, por lo tanto, el más vulnerable frente al plagio. Esta se puede definir como la sucesión lineal de notas musicales comprendidas en el patrón de una escala[11]. De acuerdo con esta definición, este componente será la fuente del mayor número de controversias en cuanto al plagio de obras musicales puesto que, por su naturaleza, es la más tendente a sufrir copias.

La libertad creativa dentro de este elemento es muy amplia dado que las posibilidades no vienen marcadas por parámetros estrictos relacionados con normas compositivas y, por lo tanto, existe una mayor vulnerabilidad ante el plagio. Esto es, puesto que la libertad creativa es muy amplia, el análisis de la identidad entre las melodías de dos obras distintas será menos exigente en cuanto a la coincidencia de elementos concretos, y se hará más evidente la existencia de copia en caso de que se advierta una similitud sustancial entre las mismas. Por el mismo motivo, la identidad o similitud entre las melodías de dos obras musicales hará aquí más evidente la existencia de un plagio, en comparación con las coincidencias que puedan apreciarse tras el análisis de otros elementos como la armonía o el ritmo.

En efecto, la armonía, a pesar de sostener la estructura de la pieza musical, cuenta con menores posibilidades de sufrir una vulneración por copia ajena puesto que la originalidad que se le puede reconocer es menor que en el caso de la melodía. En la cuestión que nos concierne, la armonía consiste en la secuencia de acordes que aportan la estructura de la creación musical y la dotan de sentido, unidad y discurso[12]. Estas secuencias de acordes vienen determinadas por unos parámetros mucho más concretos marcados, principalmente, por la tonalidad, que reducen las posibilidades creativas y por lo tanto de existencia de originalidad. Por ello, el plagio, en este sentido, tendrá

Derecho segundo.
11 H. GRABNER, *Teoría general de la música*, Akal, Tres Cantos (Madrid), 2001, pp. 147 y ss.
12 GRABNER, *Teoría general de la música*, op. cit., pp. 94 y ss.

unas posibilidades menores de materializarse a través de este elemento.

De igual forma, el ritmo posee unos matices de originalidad reducidos. Se trata de la división temporal y sucesiva de las notas musicales[13]. Las posibilidades en cuanto a la experimentación con este elemento en la obra musical, a pesar de significativas en cuanto a la aportación de carácter sobre la composición, son relativamente limitadas. En general, el ritmo viene determinado en gran medida por el estilo, corriente o género musical en el que se englobe la obra, especialmente en las músicas populares contemporáneas.

Finalmente, será objeto de protección la letra incorporada en la obra musical, en cuyo caso gozará de la protección otorgada a las creaciones literarias, siempre que sea original. Al igual que sucede con la melodía, el margen de libertad creativa con el que cuenta este elemento es muy amplio y, por lo tanto, las posibilidades de vulneración serán mayores que las de otros componentes de la pieza musical, dando lugar a una mayor problemática en el ámbito del plagio o la copia. Al contrario de lo que sucede con las armonías o el ritmo, las posibilidades de combinación de palabras para la creación del texto que conformará la obra literaria son de una amplitud notable y, por ello, las posibles coincidencias que surjan con obras posteriores evidenciarán de manera más notoria la existencia de copia sobre la obra originaria.

En la práctica, estos elementos deberán ser analizados por expertos musicales. A través del correspondiente peritaje, estos podrán verificar si se produce una identidad técnica de los elementos sustanciales de dos composiciones musicales, susceptible de caracterizar la existencia de un plagio; o bien, si ambas han sido creadas de manera autónoma y son, por tanto, independientes.

La existencia de plagio dependerá, por lo tanto, de la falta de originalidad de la creación supuestamente infractora. Habrá que aplicar, entonces, la tesis de la novedad objetiva empleada por el Tribunal Supremo[14] para determinar la existencia de originalidad o no y, en consecuencia, la infracción sobre la obra anterior. Esta tesis se limita a analizar de manera ecuánime cuándo la obra es objetivamente nueva, desechando conceptos defendidos por parte de la doctrina y de la jurisprudencia en el

---

13 GRABNER, *Teoría general de la música*, op. cit., pp. 42 y ss.
14 STS (Sala Primera) de 24 junio 2004, nº 542/2004 (ECLI:ES:TS:2004:4443): "Según autorizada doctrina

pasado como el mérito artístico, la altura creativa o el reflejo de la expresión de la personalidad del autor en la creación artística[15].

Por otro lado, es preciso señalar que carecen de protección por parte del ordenamiento las ideas, estilos, métodos compositivos, así como las concepciones creativas pertenecientes al acervo popular[16]. Esto afecta de manera particular a la protección de la obra musical, puesto que la creación artística en este campo basa gran parte de los elementos característicos de la obra en los parámetros mencionados. Esta afirmación es más evidente en algunos estilos musicales como el flamenco, el jazz o el blues, cuyas piezas musicales se apoyan en unos patrones relativamente estrictos en cuanto a tiempos, compás, secuencias de acordes, ritmos e incluso pautas interpretativas que son compartidas por las obras pertenecientes al mismo género musical. Así, el flamenco orbita en torno a unos "palos" que consisten en secuencias preestablecidas de compases donde se determina de manera inamovible, en muchos casos, el ritmo sobre el que, superponiendo melodías y armonías diferentes, se crean las piezas musicales. De igual forma, el *jazz* parte de unas estructuras complejas pero conocidas previamente por los músicos en las que, a través de secuencias de acordes, y mediante la improvisación más o menos libre sobre esas secuencias, se llega a la creación musical. La dependencia de las normas establecidas por la teoría musical afecta en mayor o menor medida a todas las composiciones, también a la música pop, al rock o a cualquier otro estilo. Esto se debe a la pertenencia de las distintas corrientes a una misma tradición histórica musical, que ha establecido características fundamentales comunes como la dependencia del sistema tonal. Ello limitará las interacciones entre acordes dependiendo del sistema tónica dominante, o a la existencia finita de combinaciones de notas para la creación de dichos acordes.

Será por lo tanto necesaria una similitud muy concreta de los elementos significativos de la obra musical para que se pueda determinar que existe plagio o

científica, el presupuesto primordial, para que la creación humana merezca la consideración de obra, es que sea original, cuyo requisito, en su perspectiva objetiva, consiste en haber creado algo nuevo, que no existía anteriormente; es decir, la creación que aporta y constituye una novedad objetiva frente a cualquier otra preexistente: es original la creación novedosa, y esa novedad objetiva es la que determina su reconocimiento como obra y la protección por la propiedad intelectual que se atribuye sobre ella a su creador".

15 *Vid.* R. BERCOVITZ RODRIGUEZ-CANO (coord.), *Comentarios a la ley de propiedad intelectual*, 4ª ed., Tecnos, Madrid, 2017, p. 161.

16 STS (Sala Primera) de 19 de diciembre de 2023, nº 5648/2023 (ECLI:ES:TS:2023:5648), caso Kukuxumusu.

copia sobre una obra posterior. Además, esta similitud deberá plasmarse de manera sustancial en los componentes determinantes de originalidad de la obra originaria. Ello excluye cualquier identidad alegada sobre los elementos comunes al estilo, carácter, género o tipología musical; así como cualquier característica, recurso o ingrediente procedente del acervo cultural popular o que pertenezca al dominio público.

3.2 *Otros supuestos de reutilización potencialmente indebida de la obra musical: el sampling y los arreglos musicales*

Es preciso hacer mención, aunque breve, al sampling. El Tribunal de Justicia de la Unión Europea definió el sampling en su sentencia de 29 de julio de 2019 sobre el caso Pelham como una "técnica del muestreo que consiste en que un usuario extraiga, la mayor parte de las veces con la ayuda de equipos electrónicos, una muestra de un fonograma y la utilice con el fin de crear una nueva obra"[17]. Esta práctica ha sido empleada en una gran cantidad de estilos musicales, especialmente en el *hip-hop* y actualmente en las denominadas como "músicas urbanas" que beben en gran medida de este género musical.

La brevedad de los fragmentos empleados ya había sido tratada con anterioridad en la sentencia del mismo tribunal, de 16 de julio de 2009, sobre el caso *Infopaq*[18]. Dicha sentencia argumenta la irrelevancia de la longitud del fragmento empleado para su protección, y establece como cuestión determinante la originalidad intrínseca de dicho fragmento empleado de manera aislada, así como respecto del conjunto de la obra originaria, independientemente de la extensión del mismo.

En la sentencia sobre el caso *Pelham*, el Tribunal continua esta línea de pensamiento, y reconoce la protección de fragmentos verdaderamente breves (los *samples*) condicionándolos, en este caso, a la posibilidad de identificación de los mismos dentro de la obra posterior. No precisa el fragmento empleado ostentar una

---

17 STJUE (Gran sala), de 29 de julio de 2019, asunto C-476/17, *Pelham GmbH c. Ralf Hütter.* (ECLI:EU:C:2019:624), párr. 35 "En este contexto, procede señalar que la técnica del muestreo (*sampling*) —que consiste en que un usuario extraiga, la mayor parte de las veces con la ayuda de equipos electrónicos, una muestra de un fonograma y la utilice con el fin de crear una nueva obra— constituye una forma de expresión artística comprendida en la libertad de las artes, protegida por el artículo 13 de la Carta."
18 STJUE (Sala cuarta), de 16 de julio de 2009, asunto C-5/08, *Infopaq International A/S c. Danske Dagblades Forening.* (ECLI:EU:C:2009:465).

sustancialidad significativa respecto de la obra nueva, pero sí por sí mismo de manera independiente. De esta forma, en caso de que el *sample* sea reconocible como procedente de un fonograma anterior, este se dará por reproducido y por lo tanto habrá una infracción de los derechos afines del productor titular. Cabe no obstante precisar que el TJUE analiza la cuestión desde el punto de vista del derecho conexo del productor de fonogramas, y no desde el punto de vista del derecho de autor. Abre, en este caso, el Tribunal la posibilidad de inclusión de dichos fragmentos en obras nuevas supeditándolos a la condición de que hayan sido lo suficientemente modificados e integrados en la obra posterior que ya no resulten reconocibles para el oyente[19].

En cuanto a los arreglos musicales, entre los que se encuentran los actuales *covers*, no procede llevar a cabo una gran discusión al respecto. En estos casos, la identidad entre la obra originaria y la obra posterior es evidente puesto que se realiza una reproducción íntegra de la obra en sus aspectos fundamentales para adaptarla, mediante modificaciones principalmente armónicas o en la instrumentación, a una interpretación alternativa. Puesto que para la ejecución de los arreglos musicales es precisa la transformación de la obra, será necesaria la oportuna autorización del titular, sin la cual se estará cometiendo una violación de los derechos de autor de la obra originaria objeto de dicho arreglo, convirtiendo el resultado en una obra derivada expresamente recogida en el artículo 11 LPI.

III. JURISPRUDENCIA RELEVANTE

1. EL PANORAMA INTERNACIONAL

Los conflictos en esta materia, especialmente en las composiciones musicales, han provocado en muchos casos una gran repercusión mediática, tanto por la popularidad de algunas de las obras cuestionadas en su originalidad, como por las grandes sumas de dinero que conllevan estos litigios cuando se trata de canciones con importantes números de escuchas y ventas.

A nivel internacional, los países anglosajones han sido los más notorios en este sentido por contar con la industria musical de mayor calado internacional. Así,

---

[19] A. DÍEZ ALFONSO, "Sampling y propiedad intelectual (homenaje a Florian Schneider)", en E. ORTEGA BURGOS (dir.), *Propiedad intelectual 2021*, Tirant lo Blanch, Valencia, 2021, pp. 80-84.

han surgido controversias entre numerosos artistas por la autoría de las obras musicales como es el caso de la canción *"Blurred lines"* publicada por el músico Pharrell Williams en el año 2013. El mismo fue demandado por los descendientes de Marvin Gaye por considerar que la canción del músico contemporáneo constituía una copia de la canción *"Got to give it up"*. Los tribunales estadounidenses declararon la existencia de plagio de la obra posterior por considerar que existían coincidencias importantes en numerosos elementos de la creación musical, como la estructura o el bajo, que caracterizaban la existencia de una copia sobre la obra anterior, y condenando al músico americano al pago de 7,3 millones de dólares[20]. La misma suerte corrieron canciones como *"Dark horse"* de Katy Perry contra *"Joyful noise"* de Flame, reconocida la copia por los tribunales; o canciones como *"Get free"* de Lana del Rey o *"Whatever"* de Oasis, que finalmente solucionaron el conflicto a través de acuerdos extrajudiciales.

2. EL PLAGIO MUSICAL EN LOS TRIBUNALES ESPAÑOLES

2.1 *La bicicleta (Shakira y Carlos Vives)*

En el ámbito nacional, tampoco han faltado litigios en materia de copia de composiciones musicales que en ocasiones han sido analizados por los tribunales. Este es el caso de la canción *"La bicicleta"*, compuesta en 2017 por los cantantes Shakira y Carlos Vives. Esta obra musical fue acusada de plagio por los autores de la canción *"Yo te quiero tanto"* que interpusieron una demanda ante el Juzgado de lo Mercantil de Madrid. En este procedimiento, los demandantes alegaron la identidad entre ambas canciones en elementos fundamentales de estas como el ritmo, la melodía o la letra en algunos de sus fragmentos[21].

El juzgado analizó pormenorizadamente y a través del examen de pruebas de peritaje los elementos esenciales que podrían llevar a la declaración de existencia de copia entre ambas composiciones. En primer lugar, en cuanto a la letra, el juzgado consideró que las similitudes, aunque existentes, eran irrelevantes respecto de la existencia de plagio. La parte demandada alegaba identidad en las frases "yo te quiero tanto", de su autoría, y la estrofa "que te sueño y que te quiero tanto", procedente de la canción de la artista colombiana. El tribunal determinó que la existencia de

---

20 *Williams v. Gaye,* No. 15 56880 (9th Cir. Mar. 21, 2018), 885 F.3d 1150.
21 SJM nº 12 de Madrid de 14 de mayo de 2019, nº 220/2019 (ECLI:ES:JMM:2019:220).

similitud que pudiera apreciarse era meramente incidental puesto que no se trataba de una identidad exacta, sino de la coincidencia de tres palabras. Ello teniendo en cuenta, además, que este sintagma es frecuentemente empleado en la música popular.

En cuanto a la melodía, aunque el juzgado reconoció la coincidencia de dieciséis notas musicales en el estribillo de la canción anterior, no pudo determinar que esto supusiera una copia de elementos sustanciales, por no contener originalidad propia dentro de la composición musical. Igualmente, el juzgado consideró que las coincidencias de ritmo o compás que pudieran apreciarse, aunque no muy claras, no podían atribuirse al plagio de la composición anterior sino al uso de los ritmos del género "vallenato", al que pertenecían ambas canciones.

Por todo ello, el juzgado falló desestimando la reclamación de la parte actora por no apreciar similitudes en los elementos sustanciales de ambas obras musicales que llevasen a determinar que una era fruto directo de la otra a través del plagio de la obra posterior sobre la composición originaria.

2.2 *Otras sentencias relevantes (Me gustas tú y Aserejé)*

Distinta suerte han corrido otros artistas que han visto reconocida la declaración de plagio por los tribunales de obras de su autoría como es el caso de la canción "*Me gustas tú*" de Manu Chao, en la que la sentencia de la Audiencia Provincial de Barcelona de 21 de junio 2011 reconoció la existencia de copia de elementos sustanciales de la obra como el ritmo o la melodía por una compañía publicitaria en un anuncio[22].

Igualmente relevante es el caso de la canción "*Aserejé*" del grupo *Las Ketchup*. En esta ocasión, el rapero *The Sugarhill Gang* reclamaba la declaración de plagio de su canción "*Rapper's delight*" por las artistas españolas. El tribunal, de nuevo, procedió a analizar los elementos fundamentales de la obra anterior que podrían haberse visto plagiados por la composición "*Aserejé*". El juzgado consideró que existían "diferencias sustanciales de la actividad creativa del demandado". La composición melódica fue considerada intrínsecamente distinta, contando la canción española con una mayor complejidad en contraposición a la simpleza melódica

---

22 SAP Barcelona (Sala 15ª) de 21 de junio de 2011, n.º 274/2011 (ECLI:ES:APB:2011:11342).

característica del género del rap. Asimismo, respecto de las coincidencias alegadas en cuanto a la letra, el tribunal consideró que, de existir similitud, esta era una mera similitud fonética, no en el contenido de la misma, y consideró del mismo modo que "el ritmo fónico de la recitación no supone un elemento esencial". Declaró finalmente el tribunal la inexistencia de plagio por falta de identidad sustancial entre ambas composiciones musicales[23].

IV. CONCLUSIONES

Es evidente, por lo tanto, la concurrencia entre doctrina y jurisprudencia en la necesidad de análisis de coincidencia de los elementos sustanciales de una obra musical para poder afirmar la existencia de plagio o copia por una creación posterior. Sin embargo, estas similitudes deben analizarse de manera minuciosa y restrictiva de forma que la mera coincidencia de aspectos estilísticos, formales o genéricos no pueda suponer en ningún caso la declaración de existencia de infracción. El carácter restrictivo de este análisis es esencial para preservar la libertad creativa de los músicos, compositores y actores de la industria musical y fomentar así la creación de obras musicales que enriquecerán el acervo cultural de la sociedad en su conjunto.

En conclusión, los supuestos de reconocimiento de infracción deberán limitarse a aquellos en los que la copia es sustancial respecto de los elementos que otorguen originalidad a la obra musical que podrán ser bien la melodía, el ritmo, la armonía, la estructura o cualquier otro que sea significativo dentro de la creación musical o por sí solo, incluyendo la letra de la canción si es el caso. En sentido contrario, deberán permitirse aquellas conductas que, sin suponer un aprovechamiento de los componentes originales de una obra anterior, formen parte de los conocimientos musicales generales de los compositores y sean empleados de manera universal por ellos, al ser intrínsecos a los distintos géneros musicales, estilos o normas compositivas genéricas empleadas actual e históricamente en las creaciones artísticas musicales.

V. BIBLIOGRAFÍA

• R. BERCOVITZ RODRIGUEZ-CANO (coord.), *Comentarios a la ley de propiedad intelectual*, 4ª ed., Tecnos, Madrid, 2017.

23 SJM nº 6 de Madrid de 13 de enero de 2010, proc. 1327/2007 (ECLI:ES:JMM:2010:30).

- R. BERCOVITZ RODRÍGUEZ-CANO y A. GONZÁLEZ GOZALO, *Manual de propiedad intelectual*, 10a ed., Tirant lo Blanch, Valencia, 2023.
- J. P. BURKHOLDER, D. J. GROUT, y C. V. PALISCA. *Historia de la música occidental*, 9ª edición, Alianza Editorial, Madrid, 2019.
- P. CÁMARA ÁGUILA e I. GARROTE FERNÁNDEZ-DÍEZ, *La unificación del derecho de propiedad intelectual en la Unión Europea*, Tirant lo Blanch, Valencia, 2019.
- A. DÍEZ ALFONSO, "Sampling y propiedad intelectual (homenaje a Florian Schneider)", en E. ORTEGA BURGOS (dir.), *Propiedad intelectual 2021*, Tirant lo Blanch, Valencia, 2021.
- A. F. GALACHO ABOLAFIO, *La obra derivada musical: entre el plagio y los derechos de autor*, Aranzadi, Cizur Menor (Navarra), 2014.
- H. GRABNER, *Teoría general de la música*, Akal, Tres Cantos (Madrid), 2001.
- J. PLAZA PENADÉS, *El derecho de autor y su protección en el artículo 20.1.b) de la Constitución*, Tirant lo Blanch, Valencia, 1997.
- C. RUIPÉREZ DE AZCÁRATE, *Las obras del espíritu y su originalidad*, AISGE Fundación, Madrid, 2012.
- R. SÁNCHEZ ARISTI, *La propiedad intelectual sobre las obras musicales*, 2ª ed., Comares, Albolote (Granada), 2005.
- I. TEMIÑO CENICEROS, *El plagio en el derecho de autor,* Civitas, Cizur Menor (Navarra), 2015.

Índice jurisprudencial

- STS (Sala Primera) de 28 enero 1995, n.º 12/1995 (ECLI:ES:TS:1995:359).
- STS (Sala Primera) de 26 noviembre 2003, n º 1125/2003 (ECLI:ES:TS:2003:7529).
- STJUE (Sala cuarta), de 16 de julio de 2009, asunto C-5/08, *Infopaq International A/S c. Danske Dagblades Forening* (ECLI:EU:C:2009:465).
- SJM nº 6 de Madrid de 13 de enero de 2010, proc. 1327/2007 (ECLI:ES:JMM:2010:30).
- SAP Barcelona (Sala15ª) de 21 de junio de 2011, n.º 274/2011 (ECLI:ES:APB:2011:11342).
- *Williams v. Gaye*, No. 15 56880 (9th Cir. Mar. 21, 2018), 885 F.3d 1150.
- STJUE (Gran sala), de 13 de noviembre de 2018, asunto C 310/17, *Levola Hengelo BV, c. Smilde Foods BV* (ECLI:EU:C:2018:899).
- SJM nº 12 de Madrid de 14 de mayo de 2019, nº 220/2019 (ECLI:ES:JMM:2019:220).
- STJUE (Gran sala), de 29 de julio de 2019, asunto C-476/17, Pelham GmbH c. Ralf Hütter (ECLI:EU:C:2019:624).
- STS (Sala Primera) de 19 de diciembre de 2023, nº 5648/2023 (ECLI:ES:TS:2023:5648).

CATALINA MUÑOZ IDIARTE-RAMOS

Estudiante de la XIX edición del Máster Propiedad Intelectual, Industrial y Nuevas Tecnologías de la Universidad Autónoma de Madrid

RESUMEN: El objeto de este trabajo consiste en analizar cómo la inteligencia artificial ha revolucionado la creación de obras plásticas, diferenciándose entre IA asistida, que funciona como herramienta bajo control humano, e inteligencia artificial generativa, capaz de producir contenido de forma autónoma. El derecho de autor exige originalidad y autoría humana, por lo que las obras creadas exclusivamente por IA no pueden gozar de protección. Esto plantea dudas sobre a quién atribuir los derechos: al usuario, al programador o al inversor. Como alternativa, se proponen explorar figuras jurídicas como los derechos conexos o sui generis. Los NFTS han facilitado la certificación y comercialización de arte digital, pero también generan riesgos de infracción si se usan sin autorización. El caso VEGAP vs. Mango evidenció la tensión entre el uso digital de obras y derechos de sus autores. Además, el metaverso abre nuevas formas de creación y explotación artística que desdibujan los marcos tradicionales. Este escenario exige repensar profundamente el sistema de protección de propiedad intelectual en la era digital.

PALABRAS CLAVE: originalidad, autoría humana, derecho de autor, *blockchain*, IA, metaverso, criptoarte, NFTs, metaverso, obra.

SUMARIO: I. INTRODUCCIÓN. II. LA CREACIÓN DE OBRAS PLÁSTICAS CON IA. III. REQUISITOS DE PROTECCIÓN DE LOS DERECHOS DE AUTOR. IV. LA TECNOLOGÍA NFT Y SU IMPACTO EN EL ARTE DIGITAL. V. EXPLOTACIÓN DE OBRAS PLÁSTICAS EN EL METAVERSO. VI. CONCLUSIONES. VII. BIBLIOGRAFÍA. VIII. JURISPRUDENCIA.

I. INTRODUCCIÓN

La inteligencia artificial -en adelante, IA- está reconfigurando el concepto de creación artística, generando profundas transformaciones en los procesos creativos y la protección jurídica de las obras. En el ámbito de las artes plásticas, esta evolución se manifiesta especialmente en el uso de algoritmos como herramientas asistenciales o generativas que participan activamente en la creación de arte, que anteriormente era patrimonio exclusivo del intelecto humano. Este capítulo se propone analizar, desde una perspectiva jurídica crítica, los desafíos que plantea esta nueva realidad tecnológica al sistema tradicional de propiedad intelectual, en particular, en el campo del derecho de autor.

En primer lugar, se abordará la distinción funcional entre IA asistida e IA generativa, dos formas operativas que condicionan radicalmente el grado de control humano sobre la obra. Mientras la primera permite reconocer al usuario como autor al integrar su voluntad creativa en la generación del resultado final, la segunda plantea escenarios de generación autónoma que diluyen o incluso eliminan la intervención humana directa.

En segundo lugar, se explorarán los requisitos jurídicos necesarios para que una obra generada con IA pueda ser protegida por derechos de autor, prestando especial atención al criterio de la originalidad y a la exigencia de intervención humana. El análisis incluirá la evolución jurisprudencial tanto a nivel europeo como estadounidense y destacará los límites del marco actual para proteger creaciones.

En tercer lugar, se profundizará en la cuestión de la titularidad de los derechos sobre las obras generadas por IA. A través del estudio de distintas figuras implicadas -usuarios, programadores, empleadores o inversores- se analizarán los criterios de atribución jurídica, la posible aplicación de derechos conexos o *sui generis* y la conveniencia de reformular el sistema en función de los nuevos tipos de resultados.

A continuación, el capítulo contextualizará estas reflexiones en el marco del ecosistema digital, prestando especial atención al impacto de los NFTs como mecanismos de certificación, apropiación y comercialización de arte digital. Esta tecnología, basada en *blockchain*, ha intensificado los problemas de atribución y autenticidad, al tiempo que ha generado conflictos inéditos sobre la reproducción, transformación y comunicación pública de obras preexistentes, como lo evidencia el caso español *VEGAP vs. Mango*.

Por último, se examinará la explotación de obras plásticas en el metaverso, entendido como un entorno virtual persistente, tridimensional e interactivo, donde convergen creadores, usuarios, avatares y plataformas. Este nuevo escenario no solo reconfigura los modos de creación y exhibición artística, sino que exige una revisión profunda del régimen jurídico aplicable, en especial respecto a la identidad digital del autor, la titularidad de contenidos generados colaborativamente y los límites del control sobre las obras una vez tokenizadas o distribuidas en entornos inmersivos.

Con todo ello, este capítulo busca ofrecer una contribución sistemática a la reflexión doctrinal sobre la adecuación del derecho de autor a las nuevas formas de creatividad tecnológica, proponiendo líneas de interpretación y reformas que permitan equilibrar innovación, seguridad jurídica y reconocimiento efectivo del esfuerzo creativo humano en la era digital.

II. LA CREACIÓN DE OBRAS PLÁSTICAS CON IA

La expansión de la IA en los procesos creativos ha transformado radicalmente la concepción tradicional de la obra artística, particularmente en el ámbito de las artes plásticas. El uso de algoritmos para generar imágenes, formas o estilos pictóricos plantea serios desafíos al marco jurídico clásico del derecho de autor, obligando a replantear conceptos fundamentales como autoría, originalidad y titularidad de derechos. En este contexto emergen dos modelos de producción distintos: por un lado, la IA asistida, entendida como una herramienta en manos del creador humano; por otro, la IA generativa, capaz de producir obras de manera autónoma, sin intervención directa de una persona física.

De acuerdo con el artículo 3.1 del Reglamento Europeo sobre Inteligencia Artificial, un sistema de IA es una tecnología basada en máquinas, diseñada para operar con distintos grados de autonomía y capaz de adaptarse mediante el tratamiento de datos para generar contenidos. Esta definición incluye tanto la forma asistida como la generativa, y su aplicación práctica ha comenzado a tensionar los límites del sistema normativo vigente[1]. El Parlamento Europeo, en su Resolución de 20 de octubre de 2020, ya advirtió que estos sistemas, a diferencia del software tradicional, pueden aprender y tomar decisiones sin supervisión humana constante, lo

---

[1] Reglamento (UE) 2024/1689 del Parlamento Europeo y el Consejo, de 13 de junio de 2024, por el que se establecen normas armonizadas en materia de inteligencia artificial.

cual genera un entorno inédito para la creación cultural[2].

La IA asistida actúa como una extensión de la creatividad humana. En este modelo, la máquina es programada, entrenada y dirigida por el usuario, quien toma decisiones libres y creativas que determinan el resultado final. Este tipo de intervención permite encuadrar jurídicamente la obra dentro de las reglas generales de atribución de autoría, en la medida en que exista una aportación intelectual significativa. El proyecto *The Next Rembrandt*, por ejemplo, produjo una pintura original en el estilo del artista holandés a partir de un sistema entrenado por expertos, pero bajo supervisión humana continua. En este tipo de casos, no se discute la autoría humana, sino el uso de nuevas herramientas tecnológicas dentro del proceso creativo[3].

En cambio, la IA generativa opera con un mayor grado de autonomía. Utilizando arquitecturas de aprendizaje profundo (*deep learning*), estos sistemas pueden generar contenidos inéditos sin necesidad de programación manual para cada resultado. Son capaces de detectar patrones, imitar estilos y producir resultados complejos sin una dirección humana en sentido estricto. Ejemplo paradigmático de este modelo es el proyecto *La Famille de Belamy*, en el que la obra final fue generada por un algoritmo entrenado en miles de obras plásticas, sin intervención estética del ser humano. En este tipo de situaciones, las cuestiones jurídicas se multiplican: ¿puede atribuirse la autoría a alguien?, ¿existe una creación protegible?, ¿a quién corresponderían los derechos patrimoniales?

El marco jurídico vigente, tanto en España como en el ámbito de la Unión Europea, exige la intervención de una persona física para reconocer derechos de autor.

---

2 Resolución del Parlamento Europeo, de 20 de octubre de 2020, sobre los derechos de propiedad intelectual para el desarrollo de las tecnologías relativas a la inteligencia artificial (2020/2015(INI)), disponible en https://eur-lex.europa.eu/legal-content/ES/TXT/PDF/?uri=CELEX:52020IP0277.

3 The Next Rembrandt fue un proyecto que implicó la recopilación de 150 gigabytes de gráficos digitalizados, resultado de un proceso de minería de datos aplicado al contenido de 350 obras originales del pintor Rembrandt. El objetivo era desarrollar un algoritmo capaz de comprender las proporciones y patrones geométricos faciales característicos del artista, así como su composición y el uso de materiales plásticos. Posteriormente, dicho software fue utilizado para replicar esos patrones en nuevos rasgos faciales, dando lugar a un retrato final ejecutado en el estilo del célebre pintor. Cabe destacar la relevancia de la intervención humana a lo largo de todo este proceso creativo, lo que permite considerar el resultado como una obra de creación humana con suficiente entidad y relevancia autoral. MINERO ALEJANDRE, G. (2024). "Inteligencia artificial y propiedad intelectual", en C. ALONSO SALGADO, A. VALIÑO CES & A. RODRÍGUEZ ÁLVAREZ (Eds.), *Derecho, nuevas tecnologías e Inteligencia Artificial*, Aranzadi, p. 94.

La Ley de Propiedad Intelectual (art. 10 LPI) y el Código Civil (arts. 30 y 35) vinculan la titularidad de derechos al sujeto humano, y la jurisprudencia del TJUE ha ratificado en múltiples ocasiones que la obra debe reflejar la impronta personal del autor para quedar protegida[4]. Por ende, una obra generada sin intervención humana sustancial no puede ser protegida en los términos tradicionales. En casos híbridos, como el de la novela *Death of an Author*, donde el 95 % del texto fue producido por IA y el resto por el usuario, la dificultad radica en delimitar la parte humana relevante y valorar si esta es suficiente para justificar la protección autoral[5].

Diversas propuestas han intentado resolver la cuestión de la titularidad[6]. Una primera opción es atribuir los derechos al usuario, como figura que introduce los *prompts*[7] o instrucciones que desencadenan el resultado. Aunque el usuario actúe como desencadenante del resultado, su intervención carece del grado de aportación creativa exigido por el derecho de autor. Una segunda posibilidad es reconocer derechos al programador, cuya contribución al diseño del sistema podría considerarse análoga a la del autor. No obstante, su intervención está en un nivel distinto: en la creación del software, no en el contenido generado posteriormente por la IA que emplea dicho software. Además, si el programador actúa en el marco de una relación laboral, la titularidad de los derechos recaería, según la legislación vigente, en el empleador[8]. La figura del inversor, por su parte, tampoco satisface los requisitos de autoría, ya que su participación es de naturaleza económica y no creativa.

Ante esta controversia, han sugerido distintas alternativas de protección. Una de ellas es el reconocimiento de un derecho sui generis, similar al existente sobre bases de datos, cuando exista una inversión significativa en la generación del resultado[9]. Sin embargo, este modelo se enfrenta a obstáculos conceptuales importantes. El derecho *sui generis* y el propio concepto de base de datos requieren

4 Asunto C-5/2008. Infopaq. ECLI: EU: C: 2009:465.
5 LÓPEZ-MAZA, S. (2025). "La generación de contenidos a través de inteligencia artificial y su incidencia en la propiedad intelectual".
6 Así lo entienden: SAIZ GARCÍA, C., "Las obras creadas…", op. cit., p. 22; LÓPEZ-MAZA, S. (2025). "*La generación de contenidos…*" op.cit., p. 222).
7 Del inglés "entrada" o "sugerencia" es una instrucción que se proporciona a un sistema de IA para guiar su respuesta o la generación del contenido específico de manera clara y directa.
8 Vid. Directiva 2009/24/CE del Parlamento Europeo y del Consejo de 23 de abril de 2009 sobre la protección jurídica de programas de ordenador. Considerandos 7 y 10.
9 Así lo consideran también LÓPEZ-MAZA, S. (2025). "*La generación de contenidos…*" op.cit. pp.

una actividad humana de estructuración y verificación del contenido, lo cual no se cumple necesariamente cuando el resultado ha sido producido por un sistema autónomo sin control posterior. También se ha planteado la aplicación de otros derechos conexos o la creación de una categoría intermedia -como "resultado"- que permita protegerlos sin equipararlos jurídicamente a las obras protegidas por derecho de autor.

En este escenario, la categoría de obra colectiva (art. 8 LPI) ha sido también traída a colación. No obstante, esta figura requiere una dirección y coordinación humana efectiva, así como una difusión bajo el nombre de una persona jurídica que haya asumido el liderazgo del proyecto[10]. La IA generativa, en su forma más pura, no responde a esta estructura. La ausencia de voluntad, conciencia e intencionalidad en el sistema impide equipararlo al funcionamiento de un grupo creativo humano.

Por lo tanto, la creación de obras plásticas mediante inteligencia artificial plantea un desafío estructural al derecho de autor. Mientras la IA asistida puede integrarse en el marco jurídico tradicional, la IA generativa exige respuestas nuevas. Atribuir derechos a personas físicas o jurídicas sin intervención creativa suficiente distorsiona el fundamento personalista del derecho de autor. Pero excluir toda protección puede desincentivar la inversión en innovación. La solución no pasa por forzar las categorías vigentes, sino por construir un régimen complementario que reconozca la especificidad de estos resultados, distinga entre creación y producción automática, y preserve el valor diferencial del esfuerzo intelectual humano. La inteligencia artificial no elimina la necesidad de creatividad, pero sí obliga a redefinir sus contornos jurídicos.

III. REQUISITOS DE PROTECCIÓN DE LOS DERECHOS DE AUTOR

La posibilidad de que los resultados generados por sistemas de IA puedan ser objeto de protección por derecho de autor exige, en primer lugar, una reflexión sobre qué debe entenderse jurídicamente por "obra". En el contexto europeo, el TJUE ha construido una noción autónoma de obra intelectual, desde su célebre sentencia en el caso *Infopaq*[11], donde estableció que una obra protegida debe ser original y reflejar la

230-234; MINERO ALEJANDRE, G., "Inteligencia artificial…", *op. cit.*, p.88.
10 Así lo entiende SAIZ GARCÍA, C., "Las obras creadas…", *op. cit.*, p. 22.
11 Véase nota al pie 4.

impronta personal del autor. Posteriormente, en el caso *Levola*, el TJUE concretó que, para calificarlo como obra, el objeto debe expresarse con suficiente precisión y objetividad[12]. Por tanto, el reconocimiento jurídico de una creación como obra exige necesariamente dos requisitos cumulativos: debe expresarse con suficiente precisión y objetividad, además de ser original.

El requisito de autoría humana es, sin duda, uno de los pilares sobre los que se asienta el sistema de propiedad intelectual. El artículo 10 de la LPI dispone que el derecho de autor nace por el simple hecho de la creación de una obra original por una persona humana. Esta exigencia deja fuera del ámbito de protección a aquellas producciones que no sean fruto del intelecto humano, por más complejas o sofisticadas que sean en su apariencia externa. Esta exigencia impide proteger, por ejemplo, casos como la fotografía tomada por un macaco que dio origen al litigio *Naruto vs. Slater*[13]. A pesar de que el animal ejecutó físicamente la acción, esta carecería de intencionalidad creativa, tratándose de un acto accidental, sin propósito expreso.

Esta interpretación ha sido trasladada a los resultados generados por IA. En aquellos supuestos en que una persona física utiliza un sistema de IA como herramienta para crear una obra, la intervención humana debe ser sustancial y determinante en el resultado final para que pueda hablarse de una verdadera autoría. Sin embargo, cuando el sistema actúa con total autonomía -como ocurre en los modelos generativos de IA-, nos encontramos ante un producto cuyo proceso de creación escapa al control humano, situándolo fuera de los márgenes del derecho de autor. La jurisprudencia y los organismos encargados del registro, como la *U.S. Copyright Office*, han adoptado una postura clara al respecto: solo son protegibles aquellas partes de una creación donde se pueda identificar una aportación humana reconocible. En el caso del cómic *Zarya of the Dawn*, la USCO rechazó el registro de las imágenes generadas por la herramienta *Midjourney*, pero sí reconoció la autoría del texto y la disposición narrativa creada por la escritora Kristina Kashtanova.

Uno de los mayores retos jurídicos en este ámbito radica en delimitar con

---

12 Asunto C-310/17, Levola. ECLI: EU: C: 2018:899.
13 *United States Court of Appeals*. Naruto v. Slater, 888 F.3d 418 (9th Cir. 2018).

precisión qué elementos de una obra híbrida son atribuibles al intelecto humano y cuáles derivan del sistema automatizado. Cuando ambas dimensiones están entrelazadas de forma indivisible aumenta el riesgo de conflictos en torno a la atribución de autoría. Algunos autores han propuesto que, en estos casos, la autoría se reconozca al usuario que opera el sistema, siempre que se demuestre un grado de intervención y control creativo suficiente. Sin embargo, esta solución puede resultar insatisfactoria cuando la participación humana se limita a generar instrucciones técnicas genéricas, sin contenido expresivo relevante.

La imposibilidad de considerar autor a un sistema de IA se basa en su falta de personalidad jurídica. Según el Código Civil español, solo las personas físicas o jurídicas pueden ser titulares de derechos (arts. 30 y 35 CC). Atribuir derechos de autor a una máquina exigiría, por tanto, una profunda transformación del marco normativo, con implicaciones jurídicas considerables. Pero más allá de la formalidad legal, lo que realmente justifica la exclusión de la IA como sujeto autoral es la naturaleza personalista del derecho de autor: este reconoce no solo una propiedad patrimonial, sino una relación ética entre la obra y su creador. Esta dimensión se traduce en los llamados derechos morales -como el derecho a la paternidad o a la integridad de la obra- que solo pueden ser ejercidos por un ser humano.

Desde una perspectiva funcional, tampoco resulta razonable reconocer derechos de autor a entidades que no pueden asumir las responsabilidades derivadas de su titularidad. La gestión de licencias, la cesión de derechos o la defensa judicial requieren de una voluntad jurídicamente reconocible, que la IA carece por definición. Además, los fines tradicionales del derecho de autor, como incentivar la creatividad y recompensar el esfuerzo intelectual, no se cumplen cuando la obra es generada por un sistema automático, carente de motivación o conciencia. Así lo ha entendido también el Parlamento Europeo, que en su Resolución de 20 de octubre de 2020 ha rechazado explícitamente la posibilidad de dotar de personalidad jurídica a la IA, advirtiendo que ello podría desincentivar la producción humana de contenidos originales[14].

La segunda gran cuestión que plantea la protección de los resultados

---

14 Véase: Resolución del Parlamento Europeo, de 20 de octubre de 2020, sobre los derechos de propiedad intelectual para el desarrollo de las tecnologías relativas a la inteligencia artificial (2020/2015(INI)).

generados por IA es la relativa al requisito de la originalidad. El concepto de obra protegido por el derecho de autor no siempre coincide con el de obra de arte. La obra, jurídicamente hablando, debe ser una creación intelectual original. La originalidad puede entenderse desde dos perspectivas doctrinales: la subjetiva, según la cual basta con que la obra refleje la impronta personal del autor, y la objetiva, que exige un grado mínimo de novedad frente a lo preexistente[15]. Aunque el TJUE ha adoptado una posición subjetivista -en línea con lo expuesto en *Infopaq* y en resoluciones posteriores-, la jurisprudencia española tiende en ocasiones a exigir una cierta "altura creativa", lo que acerca su postura a un estándar objetivo[16].

Este debate adquiere una nueva dimensión con la IA generativa. Muchas de las obras creadas mediante estos sistemas muestran altos niveles de complejidad estética, y en algunos casos incluso introducen elementos novedosos que podrían calificarse como originales. Sin embargo, el hecho de que estos resultados sean fruto de procesos algorítmicos y no de decisiones conscientes humanas impide encuadrarlos en la lógica tradicional del derecho de autor. Si el criterio de valoración se traslada desde el resultado final hacia el proceso creativo, puede apreciarse que muchos algoritmos replican patrones de creatividad humana, sobre todo cuando se trata de sistemas capaces de modificar las propias reglas del proceso generativo. Este fenómeno, conocido como creatividad transformacional, es una característica clave del arte evolutivo, donde el sistema no se limita a generar variaciones dentro de un marco cerrado, sino que es capaz de modificar las propias reglas que rigen el proceso creativo.

No obstante, no todos los sistemas de IA alcanzan ese grado de sofisticación. En muchos casos, la producción se basa en la combinación mecánica de datos y órdenes predefinidas, sin margen real de variación o innovación. Estas situaciones se asemejan más a ejecuciones técnicas que a procesos creativos, lo que justifica su exclusión del ámbito de protección. Aun en los casos más avanzados, si se aceptara proteger estas obras, sería necesario revisar el estándar actual del "mínimo de esfuerzo creativo" que ha venido rigiendo la protección por el derecho de autor y plantearse si

---

15 PERRY, M. y MARGONI, T., «From Music Tracks to Google Maps: Who Owns Computer-generated Works? » 2010 *Law Publications.* Paper 27.
16 Vid. a favor de la originalidad objetiva la STS 542/2004, 24 de junio de 2004, STS de 27 de septiembre de 2012 (RJ 2012/9707).

debe exigirse un nivel más alto de aportación personal o incluso introducir un componente objetivo de novedad.

En este escenario, podría valorarse la incorporación de una nueva categoría jurídica: el "resultado". Esta figura permitiría distinguir los productos generados por sistemas no humanos de las verdaderas obras protegidas por derecho de autor, habilitando un régimen específico que proporcione seguridad jurídica sin desnaturalizar el sistema tradicional. En cualquier caso, una premisa permanece inalterable: bajo el modelo actual, solo una persona física puede ser reconocida como autora. Las máquinas, por más que simulen creatividad, no son sujetos de derecho ni pueden serlo sin una reforma radical del ordenamiento vigente.

IV. LA TECNOLOGÍA NFT Y SU IMPACTO EN EL ARTE DIGITAL. CASO VEGAP VS. MANGO

La irrupción de los NFTs ha transformado radicalmente los términos de autenticidad, titularidad y originalidad de las obras de arte digital. Sucedió con el collage digital Everydays: *The First 5000 Days*, del artista digital Beeple (Michael Winklemann), vendido por *Christie's* por 69.3 millones de dólares, como evidencia de que un activo puramente digital puede alcanzar un valor económico equiparable al de una obra de arte físico tradicional[17]. Este fenómeno no es meramente anecdótico, sino que representa un punto de inflexión jurídica y económica que plantea múltiples interrogantes en el campo de la propiedad intelectual.

Un NFT es un activo digital singular, registrado en una *blockchain*, que se diferencia de los *tokens* fungibles por su carácter único e irrepetible. Técnicamente, se trata de una unidad de información encriptada que incorpora metadatos vinculados a un identificador único, asociado, a su vez, a un contenido subyacente: una imagen, un vídeo, una canción o cualquier otro archivo digital. Su autenticidad está garantizada criptográficamente, y su trazabilidad y propiedad pueden ser verificadas mediante su registro en la cadena de bloques[18]. En este sentido, la historia de los NFTs ha evolucionado desde simples coleccionables hasta modelos complejos de propiedad de

---

17 Más información en: Beeple's masterwork: the first purely digital artwork offered at Christie's | Christie's.

18 [Traducción propia] La definición de NFT se encuentra en el informe de la EU Blockchain Observatory and Forum, *Blockchain for beginners. Basic guiding principles. "An NFT, short for Non-Fungible Token, is a type of digital asset distinct in its uniqueness and non interchangeability with other digital tokens. Unlike fungible*

activos. Desde las *colored coins* en la red de *Bitcoin*[19], pasando por proyectos pioneros como *CryptoPunks*[20] y *CryptoKitties*, hasta marketplaces actuales como *OpenSea*[21], los NFTs han redefinido la forma en que se crea, se posee y se transacciona con el arte en el entorno digital.

El informe del European Union Blockchain Observatory and Forum -en adelante, EUBOF- identifica como características esenciales de los NFTs su unicidad, singularidad, apropiabilidad, inmutabilidad, programabilidad y transmisibilidad[22]. Estas propiedades otorgan al NFT la capacidad de operar como un certificado digital verificable que acredita, en principio, la autenticidad y titularidad de un activo digital determinado. La unicidad proviene de su registro individual en *blockchain*; la singularidad, del código específico que lo diferencia, incluso, de copias visualmente idénticas; la apropiabilidad, de su anclaje a una *wallet* digital identificable; y la inmutabilidad, del hecho de que los bloques no pueden ser modificados una vez incorporados a la cadena. Además, mediante *smart contracts*, es posible programar condiciones de uso y transferencia sin necesidad de intermediarios, lo que incrementa su potencial jurídico y económico.

No obstante, desde la perspectiva del derecho de propiedad intelectual, el NFT plantea importantes desafíos. En primer lugar, debe distinguirse entre el NFT como objeto digital y la obra de arte o prestación protegida que representa[23]. El NFT es, en sí mismo, un registro técnico: su posesión no implica automáticamente la

tokens, each NFT is cryptographically verified for its singularity and stored on a blockchain or distributed ledger, visible to all". Disponible en https://blockchain-observatory.ec.europa.eu/publications/blockchain -beginners-basic-guiding-principles_en (último acceso: 13 de julio de 2025).

19 Las *colored coins* surgieron como una solución para crear nuevos tokens capaces de representar y transferir activos a través de la *blockchain* de Bitcoin. Permitían vincular elementos del mundo real a tokens, abriendo así la posibilidad de registrar la propiedad de bienes digitales en la cadena de bloques. Se consideran las precursoras de los actuales NFTs.

20 Más información en: CryptoPunks. Donde se pueden comprar todos activos generados en Euthereum.

21 *OpenSea* es el primer y mayor mercado en línea de NFTs y coleccionables digitales.

22 EUBOF, *Demystifying Non-Fungible Tokens (NFTs)*. Disponible en https://blockchain-observatory.ec. europa.eu/publications/de (último acceso: 13 de julio de 2025).

23 "Todo lo que se pueda digitalizar puede ser usado para acuñar un token no fungible. Pero éste no es el propio archivo digital que sirve de base para su generación. El token no fungible es, simplemente, una serie de datos o metadatos sobre dicho archivo". GARCÍA VIDAL, Á. "Metaverso, tokens no fungibles y propiedad intelectual", cit., p. 67; y MINERO ALEJANDRE, G., (2025). «NFTs, avatares del Metaverso y propiedad intelectual», en *Nuevos paradigmas del derecho privado ante las nuevas tecnologías*, dir. A. Agüero Ortiz y Pilar Cámara Águila, Aranzadi, Pamplona, pp. 187 y ss.

titularidad de los derechos de autor sobre el contenido vinculado. La creación del archivo digital que se asocia al NFT puede dar lugar a una infracción de derechos si se realiza sin autorización del titular de la obra original. Asimismo, la puesta a disposición pública de dicho NFT en plataformas de compraventa puede constituir una reproducción o comunicación pública no autorizada, en la medida en que permite el acceso al archivo digital por parte de terceros.

La sentencia del Juzgado de lo Mercantil nº 9 de Barcelona, de 11 de enero de 2024, dictada en el *caso VEGAP v. Mango*, aborda por primera vez en España la cuestión de si el propietario del soporte físico de una obra puede generar NFTs con reproducciones de esta sin consentimiento del titular de los derechos de autor. La resolución rechazó la pretensión de la entidad de gestión VEGAP, al considerar que la transformación realizada no vulneraba los derechos patrimoniales ni morales del autor. No obstante, la doctrina ha criticado esta decisión por no valorar adecuadamente el impacto que la tokenización tiene sobre la integridad de la obra ni la difusión no autorizada de su imagen en entornos digitales[24].

En términos de funcionalidad jurídica, el NFT suele operar como un triple certificado: de autenticidad, de originalidad y de titularidad. Sin embargo, su eficacia como tal depende de la legitimidad de la información incorporada en la *blockchain*. Aunque el NFT se asocie a un activo digital determinado, no garantiza que quien lo haya minteado (acuñado) sea el titular legítimo de los derechos sobre la obra representada. En efecto, los entornos *blockchain* operan bajo seudónimo, lo que dificulta verificar la identidad del emisor del NFT y posibilita apropiaciones indebidas mediante la tokenización de obras ajenas.

Desde el punto de vista de la autenticidad, el NFT puede reproducir la función de los certificados tradicionales en el mercado del arte, pero no puede sustituirlos jurídicamente. En obras únicas, su valor depende de que el NFT haya sido emitido por el propio autor o una entidad autorizada, y que la obra esté debidamente registrada en su catálogo de artista. En obras seriadas, como grabados o esculturas

---

24 Véase MINERO ALEJANDRE, G., (2025). «NFTs, avatares del Metaverso y propiedad intelectual», opus cit., pp. 187 y ss; y BRAGADO HERRERO DE EGAÑA, C. (2024), «La sentencia nº 11/2014 del juzgado de lo mercantil nº 9 de Barcelona de 11 de enero de 2024 (Vegap c/ Mango): El frustrado asunto sobre los non-fungible tokens y la frustrante interpretación del derecho de autor español», *Revista Lex Mercatoria*, Nº. Extra 1, pp. 1-19.

reproducidas mecánicamente, la autenticidad se acredita por pertenecer a una edición limitada bajo control del artista. El NFT, por sí solo, no garantiza esto.

En cuanto a la originalidad, el NFT puede considerarse "original" en sentido técnico (por su código y metadatos únicos), pero no en el sentido jurídico del derecho de autor. La originalidad protegible exige una creación intelectual humana. Por tanto, si el NFT representa una obra preexistente, el derecho exclusivo de reproducción y puesta a disposición sigue perteneciendo al autor original (art. 18 y 20 LPI), salvo cesión expresa. En consecuencia, quien "mintea" sin autorización incurre en infracción. Solo si el autor autoriza la digitalización, debería exigirse que el NFT incorpore una declaración expresa de unicidad y de no reproducción, para preservar la integridad del acto.

Respecto de la titularidad, debe distinguirse entre la propiedad del NFT y los derechos sobre la obra representada. El titular del token no necesariamente posee derechos patrimoniales sobre el contenido, a menos que el smart contract o el acuerdo asociado expresamente lo indique. En la práctica, estos contratos inteligentes suelen incorporar cláusulas preestablecidas por la plataforma que no siempre reflejan una cesión efectiva de derechos. De ahí que se haya propuesto equiparar el NFT a un documento privado (arts. 1216 y ss. CC), que acredite una transacción válida, pero sin que ello implique, por sí solo, una cesión de propiedad intelectual.

Para mejorar la seguridad jurídica en este entorno, la Unión Europea ha impulsado el desarrollo de *wallets* de identidad digital verificables a través del Reglamento eIDAS2, que permitirán vincular NFTs con identidades legales[25]. Esta medida busca evitar el anonimato del emisor y dotar de mayor transparencia al origen de los tokens. Aun así, subsiste el problema de la multiplicidad de NFTs que pueden representar el mismo activo. Técnicamente, basta con alterar mínimamente el archivo para generar un nuevo *hash* (identificador único) y registrar otro NFT, lo que puede dar lugar a múltiples certificados sobre un mismo contenido aparentemente idéntico, fragmentando la titularidad del objeto cultural.

---

25 Reglamento (UE) 2024/1183 del Parlamento Europeo y del Consejo, de 11 de abril de 2024, por el que se modifica el Reglamento (UE) nº 910/2014 en lo que respecta al establecimiento del marco europeo de identidad digital, DOUE de 30 de abril de 2024.

Por esto, los NFTs no constituyen obras de arte en sí mismos, sino representaciones cifradas de activos digitales. Su valor reside en la confianza que el mercado deposita en la autenticidad del vínculo entre el token y el activo subyacente. Desde la perspectiva del derecho de autor, no debe confundirse la propiedad del NFT con la propiedad intelectual de la obra subyacente. La tokenización no equivale a una cesión de derechos. Por tanto, para evitar conflictos jurídicos y proteger eficazmente los intereses de autores, compradores y plataformas, se requiere una regulación específica que establezca los requisitos mínimos de validez jurídica del NFT como instrumento de certificación, así como mecanismos efectivos de control sobre su legitimidad. Solo así podrá consolidarse un marco normativo adecuado para la economía del arte digital en el ecosistema *blockchain*.

En esta línea, la sentencia del Juzgado de lo Mercantil nº 9 de Barcelona, dictada en el marco del caso VEGAP contra Mango, representa el primer pronunciamiento judicial en España que aborda de forma expresa la relación entre los NFTs y los derechos de propiedad intelectual. El origen del litigio se remonta a la apertura de una tienda de Mango en Nueva York, ocasión para la cual la empresa expuso obras plásticas originales de Miró, Tàpies y Barceló, junto con reinterpretaciones digitales realizadas por criptoartistas. Estas versiones digitales fueron, además, exhibidas en espacios virtuales como *Decentraland* y la plataforma *Opensea*. Aunque dichos archivos no fueron acuñados como NFTs ni se comercializaron, VEGAP presentó demanda alegando la vulneración de derechos morales (de integridad y de divulgación) y patrimoniales (de reproducción, transformación y comunicación pública), solicitando el cese de los actos y una indemnización.

El Juzgado desestimó la demanda al considerar que se trataba de una mera exhibición digital no conectada a tecnología *blockchain* y que las obras digitales no lesionaban la reputación de los autores. No obstante, incurrió en un razonamiento discutible al sostener que, al tratarse de obras distintas y no simples modificaciones, no cabía apreciar infracción del derecho moral de integridad. Asimismo, descartó la vulneración del derecho de divulgación por considerar que ya se había ejercido previamente, y negó la legitimación de VEGAP para hacer valer derechos morales sin mandato expreso. En relación con el derecho de comunicación pública, el tribunal aplicó de manera extensiva el artículo 56.2 LPI, permitiendo la exposición en entornos virtuales, cuando dicho precepto se refiere exclusivamente a la exhibición física del original. Finalmente, la sentencia incorporó, con escasa justificación en el marco jurídico español, elementos propios de la doctrina del fair use para concluir que la transformación realizada por Mango era lícita, lo cual pone de manifiesto la necesidad de delimitar con claridad el marco normativo aplicable a la explotación digital de obras protegidas[26].

Posteriormente, la Audiencia Provincial de Barcelona revocó esta decisión en apelación[27], ofreciendo una interpretación más estricta de los derechos de autor en el entorno digital. En primer lugar, el tribunal recordó que la adquisición de una obra solo otorga derechos sobre el soporte físico (*corpus mechanicum*), sin afectar a los derechos morales ni patrimoniales vinculados a la creación intelectual (*corpus mysticum*). En consecuencia, la creación y difusión de obras digitales derivadas -como los NFTs- exigen autorización expresa, al implicar actos de reproducción, transformación y comunicación pública.

La Audiencia también rechazó de forma categórica la aplicación de la doctrina estadounidense del *fair use*, enfatizando que el Derecho español establece un sistema cerrado de límites y excepciones que no permite la incorporación analógica de figuras foráneas. Además, destacó que el uso realizado por Mango no fue inocuo ni incidental, sino deliberado, con fines publicitarios y comerciales claramente identificables.

En cuanto a la comunicación pública, la Audiencia corrigió la interpretación extensiva del artículo 56.2 LPI realizada por el Juzgado de Primera Instancia, y subrayó que la facultad de exhibición reconocida al propietario del soporte material no puede extrapolarse a contextos digitales o interactivos. La creación de NFTs y su difusión en el metaverso exceden con creces los límites de la simple exposición física. Respecto al derecho moral de integridad, el tribunal consideró que las obras originales

---

26 MINERO ALEJANDRE, G., (2023) «Inteligencia artificial y propiedad intelectual», en *Derecho, nuevas tecnologías e inteligencia artificial,* dir. C. Alonso Salgado, A. Valiño Ces y A. Rodríguez Álvarez, Dykinson, Madrid.

27 Sentencia núm. 731/2025 de la Audiencia Provincial de Barcelona, de 5 de junio de 2025. Recurso Nº 309/2024.

habían sido instrumentalizadas en un contexto puramente comercial -por ejemplo, como fondo de pasarelas virtuales-, lo que supuso una alteración del significado cultural y estético con el que fueron concebidas. Esta descontextualización afectó de forma negativa tanto a la reputación de los artistas como a la percepción pública de sus obras.

En definitiva, la Audiencia Provincial concluyó que Mango había infringido los derechos morales y patrimoniales de los autores al llevar a cabo, sin autorización, actos de reproducción, transformación y comunicación pública de obras protegidas en espacios digitales y virtuales. Esta resolución constituye un importante precedente jurisprudencial que refuerza la necesidad de una lectura rigurosa del marco de derechos de autor frente a los desafíos que plantea la explotación de obras artísticas en el entorno tecnológico actual. Asimismo, pone de relieve que la titularidad del soporte material no habilita, por sí sola, para su explotación digital ni para su reutilización en contextos publicitarios o comerciales sin consentimiento del titular de los derechos.

V. EXPLOTACIÓN DE OBRAS PLÁSTICAS EN EL METAVERSO

El desarrollo del metaverso como espacio virtual inmersivo ha inaugurado un nuevo escenario para la creación, circulación y explotación de obras artísticas, especialmente en el ámbito de las artes plásticas. A diferencia de los entornos digitales tradicionales, el metaverso no se limita a funcionar como un soporte pasivo de contenidos, sino que constituye un entorno tridimensional e interactivo en el que los usuarios, a través de avatares, participan activamente en experiencias sociales, económicas y culturales. Esta transformación tecnológica plantea importantes retos normativos, en particular en el campo de la propiedad intelectual, donde se ve comprometido el marco clásico de los derechos de autor y derechos afines.

La naturaleza híbrida del metaverso, que combina *software*, interfaces visuales y objetos virtuales generados o incorporados por los usuarios, desafía las categorías tradicionales del derecho de autor y de la propiedad intelectual. Desde un punto de vista jurídico, resulta necesario distinguir al menos dos niveles de creación que coexisten en este sistema. Por un lado, el metaverso como estructura técnica puede ser considerado una obra protegible como programa de ordenador, en tanto resulta de un proceso de desarrollo complejo que permite generar y explorar espacios virtuales mediante tecnologías de realidad aumentada o realidad virtual. La protección de esta capa exige contemplar tanto el código fuente y sus interfaces, como los sistemas de navegación, visualización y ejecución interactiva que hacen posible la experiencia inmersiva.

Por otro lado, sobre esa infraestructura tecnológica se superpone un segundo nivel de creación conformado por los contenidos generados o introducidos por los propios usuarios. Estos incluyen desde construcciones arquitectónicas virtuales y esculturas digitales, hasta performances gráficas, objetos coleccionables, indumentarias personalizadas, avatares, composiciones musicales y demás elementos que pueblan el entorno visual del metaverso. Buena parte de estos contenidos son susceptibles de protección jurídica como obras del intelecto o, en su caso, como diseños industriales, conforme al Arreglo de Locarno. Esta diversidad obliga a repensar los límites entre el *software* como obra funcional y los objetos gráficos que, aunque ejecutados mediante ese *software*, poseen autonomía estética y creativa.

Las posibilidades artísticas del metaverso no se limitan a la exhibición o almacenaje de contenidos ya existentes, sino que abren la puerta a procesos de creación genuinos. Así como un programa de diseño gráfico permite la generación de obras impresas, el metaverso constituye un espacio donde se conciben y experimentan obras originales en un plano digital tridimensional. Estas pueden adoptar formas gráficas, escultóricas, audiovisuales o coreográficas y, si cumplen con los requisitos de originalidad, autoría humana y altura creativa, son plenamente protegibles por el derecho de autor. No obstante, en este entorno tecnológicamente mediado, la exigencia de autoría humana se ha visto sometida a debate, especialmente en los casos de obras generadas mediante sistemas de IA asistida. A pesar de algunas flexibilizaciones, esta condición sigue siendo la principal exigencia en los ordenamientos jurídicos.

La jurisprudencia del TJUE ha abordado la distinción entre programa de ordenador e interfaz gráfica en decisiones como la dictada en el asunto *Bezpečnostní softwarová asociace*. Allí se estableció que, si bien la interfaz no goza de la protección específica otorgada a los programas de ordenador por la Directiva 2009/24/CE, sí puede ser protegida como obra independiente siempre que cumpla los requisitos generales exigidos por la normativa europea. Esta doctrina resulta especialmente relevante en el metaverso, donde la interfaz no solo traduce comandos en imágenes, sino que construye la experiencia estética que permite la creación y percepción de las obras.

En cuanto a la gestión de derechos sobre las creaciones desarrolladas en el metaverso, el régimen aplicable suele estar determinado por las condiciones contractuales de cada plataforma. Estas se materializan en los contratos de adhesión donde se establecen reglas sobre autoría, cesión de derechos, responsabilidad por infracciones y explotación comercial. Algunas plataformas, como *Sandbox*, reconocen expresamente la autoría del usuario sobre los contenidos que incorpora, aunque le exigen otorgar una licencia no exclusiva y gratuita para su uso. Otras, como *Decentraland*, se limitan a advertir que los contenidos serán accesibles por cualquier visitante, sin asumir responsabilidad por eventuales daños derivados. Este marco contractual se complica aún más cuando los contenidos son convertidos en activos digitales mediante tecnologías de registro distribuido, como los NFTs. En esos casos, la percepción por los usuarios de la titularidad de los activos no se determina tanto por la ley de propiedad intelectual, sino por la lógica de los contratos inteligentes (*smart contracts*), que rigen la adquisición, transferencia y ejercicio de derechos sobre los tokens.

Además de los desafíos relativos a la protección de contenidos, el metaverso introduce nuevas problemáticas vinculadas a la identidad digital. En este entorno, la identidad no se expresa exclusivamente como la personalidad jurídica de un individuo, sino como un conjunto de datos, imágenes y conductas digitales que configuran un avatar. Este avatar no es una simple representación visual del usuario, sino un personaje que puede adquirir relevancia jurídica en múltiples dimensiones: desde la privacidad y la imagen, hasta la atribución de autoría o la responsabilidad por actos realizados dentro del entorno visual. La distancia entre el sujeto real y su identidad proyectada requiere una revisión respecto de los derechos de la personalidad.

En definitiva, el metaverso plantea un conjunto de desafíos interrelacionados que exigen una profunda revisión de los fundamentos del derecho de autor, del diseño industrial y de los derechos de la personalidad. La articulación de un régimen jurídico eficaz en este nuevo escenario requiere un enfoque integrador, que contemple la interacción entre tecnología, contrato, creatividad, representación y subjetividad digital. El reto no es solo adaptar normas a nuevas realidades, sino construir principios que permitan abordar lo inédito sin desnaturalizar los valores fundamentales que sustentan el sistema jurídico contemporáneo.

VI. CONCLUSIONES

La irrupción de la inteligencia artificial, los NFTs y el metaverso está transformando de manera irreversible los parámetros tradicionales de creación, explotación y protección jurídica de las obras plásticas. A lo largo de este trabajo se ha constatado que el sistema clásico de propiedad intelectual, concebido para proteger el esfuerzo creativo humano individual, se encuentra en tensión estructural frente a tecnologías que desdibujan los contornos de la autoría, la originalidad y la titularidad de derechos. La IA asistida aún puede encontrar acomodo en dicho marco, siempre que se mantenga una intervención humana sustancial. Sin embargo, la IA generativa plantea un verdadero desafío sistémico al no requerir control humano directo, dificultando así la atribución de autoría conforme a los criterios vigentes en la Ley de Propiedad Intelectual española y en la normativa europea vigente.

Los requisitos jurídicos de protección por derecho de autor -autoría humana y originalidad- continúan siendo elementos estructurales e innegociables del sistema, tanto en la legislación nacional como en la doctrina del TJUE. La falta de intervención consciente e intelectual del ser humano en las creaciones generadas de forma autónoma por IA impide su acceso al régimen ordinario de protección, salvo que se acometa una reforma profunda o se habiliten mecanismos alternativos como los derechos conexos y, en particular, el derecho sui generis. La propuesta de introducir la categoría jurídica de "resultado algorítmico" representa un paso en esa dirección, permitiendo diferenciar entre creaciones humanas y productos generados automáticamente, sin por ello renunciar a una mínima tutela jurídica.

En paralelo, el auge de los NFTs ha desencadenado una nueva lógica de apropiación, certificación y comercialización del arte digital que, si bien permite nuevas formas de monetización y trazabilidad, también ha generado una zona gris jurídica en lo relativo a la titularidad, autenticidad y uso de obras protegidas. El análisis del caso *VEGAP vs. Mango* ha revelado la desconexión entre el enfoque judicial tradicional y las nuevas dinámicas del ecosistema *blockchain*, especialmente en relación con los derechos morales del autor, la integridad de las obras tokenizadas y los riesgos derivados del uso de doctrinas ajenas al sistema europeo, como el *fair use* estadounidense. Esta situación evidencia la necesidad urgente de adaptar los principios del derecho de autor a la especificidad del entorno descentralizado y digital, sin comprometer la protección de los creadores.

Por último, el metaverso como entorno tridimensional, persistente e interactivo ha dado lugar a una nueva generación de contenidos que requieren un tratamiento jurídico diferenciado. El carácter híbrido de este ecosistema -donde conviven programas de ordenador, diseños industriales y obras autorales- exige una visión integrada que articule las normas de propiedad intelectual con los derechos de la personalidad y los regímenes contractuales. La representación digital de los sujetos mediante avatares, las nuevas formas de concreción y la circulación de activos digitales implican un replanteamiento de la identidad del autor, la responsabilidad jurídica en contextos inmersivos y la eficacia de los contratos de adhesión en plataformas descentralizadas.

En suma, los desafíos que plantea la tecnología en el ámbito de las artes plásticas no pueden abordarse mediante una mera extensión de categorías jurídicas preexistentes. Es preciso reconocer la especificidad de las nuevas formas de creación y circulación y construir marcos normativos que garanticen un equilibrio entre innovación tecnológica, seguridad jurídica y la justa remuneración y reconocimiento del esfuerzo creativo humano. La propiedad intelectual del siglo XXI debe ser capaz de dialogar con lo emergente, sin renunciar a sus fundamentos éticos ni a su vocación de proteger la dignidad del autor en todas sus formas de expresión.

VII. BIBLIOGRAFÍA

• AUNION, J.A (2024, April 2). Jane C Ginsburg, Intellectual property expert: *We are not ready to accept the idea of the machine being the author*. EL PAIS, accesible en https://english.elpais.com/technology/2024-04-02/jane-c-ginsburg-intellectual-property-expert-we-are-not-ready-to-accept-the-idea-of-the-machine-being-the-author.html (último acceso: 13 de julio de 2025).

• BERCOVITZ RODRÍGUEZ-CANO, R., & GONZÁLEZ GONZALO, A. (2023). «La obra». *En Manual de propiedad intelectual* (10.ª ed., pp. 61–63). Tirant lo Blanch.

• CUESTA VALERA, S.; FERNÁNDEZ VALDÉS, P.; Muñoz Viñas, S. (2021). «NFT y arte digital: nuevas posibilidades para el consumo, la difusión y preservación de obras de arte contemporáneo». En González Díaz, P.; García Méndez, A. (coords.). *En los límites de lo posible: arte, ciencia y tecnología. Artnodes*, n.º 28. UOC. http://doi.org/10.7238/a.v0i28.386317.

• DENICOLA, R. (2016). «Ex Machina: Copyright Protection for Computer-Gene¬rated Works», *Rutgers University Law Review*, núm. 69.

• GARCÍA VIDAL, A. (2022) (s.f.). *Metaverso, tokens no fungibles y propiedad intelectual*, versión online.

• GARROTE FERNÁNDEZ-DÍEZ, I. (1999), «Propiedad intelectual en internet: el derecho a establecer enlaces en la WWW», *Pe.i. revista de propiedad intelectual*, N.1.

• GINSBURG, J. C. (2018), «People Not Machines: Authorship and What It Means in the Berne Convention», *International Review of Intellectual Property and Competition Law*, vol. 49.

• GLESSER, D., (2001) «Copyright in Computer-Generated Works: Whom, If Anyone, Do We Reward? », *Duke Law and Technological Review*, vol. 1.

• HELMREICH, A. (2021). «Introducción a la historia del arte digital: Una conversación colaborativa», H-ART. *Revista de historia, teoría y crítica de arte*, (9), 161–182. https://doi.org/10.25025/hart09.2021.09.

• LÓPEZ MAZA, S., (2025) «La generación de contenidos a través de inteligencia artificial y su incidencia en la propiedad intelectual», en *Derecho y tecnologías*, dir. Mª. E. Casas Baamonde, Fundación Ramón Areces, Madrid.

• LÓPEZ-TARRUELLA MARTÍNEZ, A. (2023). «Definiendo el metaverso». En LÓPEZ-TARRUELLA MARTÍNEZ, A, (Coord.), *Protección y gestión de la propiedad intelectual en el metaverso*, Reus, Barcelona.

• MINERO ALEJANDRE, G., (2023) «Inteligencia artificial y propiedad intelectual», en *Derecho, nuevas tecnologías e inteligencia artificial*, dir. C. Alonso Salgado, A. Valiño Ces y A. Rodríguez Álvarez, Dykinson, Madrid.

• MINERO ALEJANDRE, G. (2025). «NFTs, avatares del Metaverso y propiedad intelectual», en *Nuevos paradigmas del derecho privado ante las nuevas tecnologías*, dir. A. Agüero Ortiz y Pilar Cámara Águila, Aranzadi, Pamplona.

• MORÁN, M. (2018). «Creadores en riesgo de extinción», *V Certamen de artículos jurídicos sobre Derecho del Entretenimiento*, Premios DENAE.

• NAVARRO HOSPINAL, S. (2023). «Transformación digital del mercado del arte: desafíos y oportunidades», *Conexión*, (20). https://doi.org/10.18800/conexion.202302.006

• PERRY, M., & MARGONI, T. (2010). «From Music Tracks to Google Maps: Who Owns Computer-generated Works?», *Law Publications*, Paper 27.

• POLO PUJADAS, M. (2021) «Del arte analógico al arte digital: Nuevos contextos y nuevas propuestas de investigación», *Matèria. Revista internacional d'Art.* https://doi.org/10.1344/Materia2021.18-19.1.

• RAMALHO, A., (2018) «Ex Machina, Ex Auctore? Machines that create and how EU copyright law views them», en *Kluwer Copyright Blog*, accessible en https://copyrightblog.kluweriplaw.com/2018/11/12/ex-machina-ex-auctore-machines-that-create-and-how-eu-copyright-law-views-them/ (último acceso: 13 de julio de 2025).

• RIVERO MORENO, L. D. (2024). *Imagen precaria y NFTs. Sobre la conservación del patrimonio digital a través de la tecnología blockchain.* Ge-conservación, 26, 127–135. https://doi.org/10.37558/gec.v26i1.1224.

• ROSELLÓ RUBERT, F. M. (2025). *Criptoarte en tókenes no fungibles (NFT): Aspectos jurídicos,* Tirant lo Blanch, Valencia.

• SAIZ GARCÍA, C. (2019). «Las obras creadas por sistemas de inteligencia artificial y su protección», *InDret.*

• SANJUÁN RODRÍGUEZ, N., «Inteligencia artificial y propiedad intelectual», en *Actualidad Jurídica Uría Menéndez*, núm. 52, 2019, accesible en https://www.uria.com/documentos/publicaciones/6675/documento/foro04.pdf?id=8960 (último acceso: 13 de julio de 2025).

• SENFLEBEN, M. (2023). «Generative AI and Author Remuneration», *International Review of Intellectual Property and Competition*, vol. 54.

• SILVA DÍAZ, J. S. (2024). «Pondering the Impact of Generative AI on Copyright Validity». *Dos mil tres mil*, 26, 1-10. https://doi.org/10.35707/dostresmil/26497.

• VEIGA COPO, A. (2023). *Derecho del arte y revolución digital* (1ª), Civitas, Madrid.

• VILLAGOMEZ-OVIEDO, C. P. (2019). «El proceso de creación del Arte digital», *ArDin. Arte, Diseño e Ingeniería*, Vol. 8, https://doi.org/10.20868/ardin.2019.8.3866.

VIII. JURISPRUDENCIA

• Tribunal de Justicia de la Unión Europea de 13 de noviembre de 2018, Asunto C-310/17, Levola. ECLI:EU:C:2018:899.

• Tribunal de Justicia de la Unión Europea de 12 de septiembre de 2019, Asunto C-683/17, Cofemel. ECLI:EU:C:2019:721.

• Tribunal Supremo (Sala de lo Civil) de 24 de junio de 2004, sentencia 4443/2004. ECLI:ES:TS:2004:4443. CENDOJ.

• Tribunal Supremo (Sala de lo Civil) de 27 de septiembre de 2012, sentencia RJ 2012/9707. CENDOJ.

J• uzgado de lo Mercantil nº 9 de Barcelona, de 11 de enero de 2024, sentencia 1/2024. ECLI: ES: JMB: 2024:1. CENDOJ.

• Audiencia Provincial de Barcelona, de 5 de junio de 2025, sentencia 731/2025. Recurso Nº 309/2024. ECLI:ES:APB:2025:3296. CENDOJ.

FRANCISCO JAVIER ROJAS RODRÍGUEZ

Estudiante de la I edición del Máster en asesoría jurídica en IA, contratación digital y protección de datos de la Universidad Autónoma de Madrid

RESUMEN: La Inteligencia Artificial ha dejado de tener la consideración de innovación tecnológica para convertirse en todo un instrumento transformador del ámbito marcario. La capacidad de esta tecnología de automatizar procesos, analizar signos distintivos o generación de marcas ha demostrado ser toda una herramienta que mejora y crea oportunidades a los sujetos que la usan. Sin embargo, también conlleva desafíos normativos que deben plantearse. Para llegar a una protección jurídica efectiva, es necesario complementar el derecho de marcas con otras normativas existentes, desde la materia de protección de datos hasta la normativa de minería de textos y datos.

PALABRAS CLAVE: Inteligencia artificial (IA), Derecho de marcas, minería de textos y datos, Reglamento de Inteligencia Artificial (RIA), Reglamento General de Protección de Datos (RGPD), publicidad digital, monitorización de mercado, generación de marcas.

SUMARIO: I. INTRODUCCIÓN; II. APLICACIONES DE LA IA EN EL ÁMBITO MARCARIO. 1. IA EN LA BÚSQUEDA Y REGISTRO MARCARIO. **2.** MONITORIZACIÓN DE MERCADO. **3.** MONITOREO SEO Y PALABRAS CLAVE. **III. RETOS JURÍDICOS. 1.** IA EN LA PUBLICIDAD. **2.** CONEXIÓN CON EL RGPD. **3.** LA DIRECTIVA DE MINERÍA DE TEXTOS Y DATOS COMO POSIBLE REFERENCIA NORMATIVA. **IV. CONCLUSIÓN. V. BIBLIOGRAFÍA.**

I. INTRODUCCIÓN

La Inteligencia Artificial (IA) es sin duda el tema en materia tecnológica de mayor repercusión está teniendo en estos últimos años. Tan es así, que los ordenamientos jurídicos europeo y español buscan soluciones legales a la implementación masiva de dicha tecnología en todos los sectores: económicos, sociales, políticos e incluso educativos. Este artículo académico está dedicado a reflexionar sobre un campo específico con el que la IA interacciona y con el que actualmente, debido al carácter innovador de esta tecnología, no existe una relación normativa consolidada, dicho campo es marcario.

En primer lugar, debe aclararse que no sólo se va a hacer referencia al derecho marcario puro, sino que el concepto de gestión marcaria que aquí se aborda está relacionado con un término más amplio. La gestión marcaria va a referirse a todos los procesos que se llevan a cabo en una sociedad o administración, desembocando en una figura final que en este caso es el consumidor o usuario final. Un ejemplo de ello es el recorrido que sigue un producto como Coca-Cola desde la elaboración de la bebida, su proceso de distribución, campañas de *marketing*... hasta su consumición por el usuario. Todos estos procesos incluyen el factor marca, ya sea por su distinción en el producto o por el renombre que esta marca da a un evento específico como puede ser un festival.

La IA, entre las muchas aplicaciones que tiene, es utilizada actualmente como herramienta de automatización de tareas u optimización de procesos. IndesIA es una asociación que trata de impulsar el uso de esta tecnología. En su propia página web muestra una serie de casos de uso generales aplicados al sector de la automoción (ej: coches autónomos) o el sector textil (ej: optimización del proceso y reducción de costes), entre otros[1].

No puede continuarse sin mencionar quiénes son los principales sujetos a los que la IA y el ámbito marcario afecta. Se encuentran aquí las empresas, como sujetos regulados por el Reglamento de Inteligencia Artificial (RIA)[2] en toda su cadena. Así puede deducirse del artículo 2 RIA, que establece su ámbito de aplicación mencionando una gran cantidad de sujetos a los que aplica (ej: proveedores, fabricantes, responsables de despliegue...). En segundo lugar, se encuentran las Administraciones, como sujetos que velan por la legalidad y la defensa de los derechos de la sociedad. En el propio RIA no son pocas las referencias hechas a los DDFF (considerandos 1, 3, 5, 7...), reiterando en varias ocasiones la importancia de su

---

[1] IndesIA. Casos de uso, https://www.indesia.org/servicios/casos-de-uso/ (última consulta: 12/06/2025)

[2] Reglamento (UE) 2024/1689 del Parlamento Europeo y del Consejo, de 13 de junio de 2024, por el que se establecen normas armonizadas en materia de inteligencia artificial y por el que se modifican los Reglamentos (CE) n.º 300/2008, (UE) n.º 167/2013, (UE) n.º 168/2013, (UE) 2018/858, (UE) 2018/1139 y (UE) 2019/2144 y las Directivas 2014/90/UE, (UE) 2016/797 y (UE) 2020/1828 (Reglamento de Inteligencia Artificial).

cumplimiento. Por último, se encuentran los usuarios finales, sujetos sobre los que pivota toda la regulación existente en la actualidad. Aquellos a los que las sociedades, administraciones estatales y supranacionales dedican el esfuerzo que conlleva ofrecer garantías y métodos que proporcionen seguridad.

II. APLICACIONES DE LA IA EN EL ÁMBITO MARCARIO

La IA ha demostrado ser un auxilio para la sociedad en su conjunto, sin embargo, se trata de un campo en el que la normativa sigue pendiente de desarrollarse en los Estados miembros de la Unión Europea. Además, la falta de situaciones prácticas en el ámbito marcario conlleva lagunas jurídicas que plantean un verdadero riesgo legal.

1. IA EN LA BÚSQUEDA Y REGISTRO MARCARIO

Debe destacarse el reciente uso que se está dando a la IA en el derecho de marcas. El sector legal, aunque a pasos más cortos, va modernizándose en busca de mejoras continuas a la hora de ofrecer cobertura legal y rapidez en los procesos legales.

En este sentido, esta tecnología se usa por autoridades como la Organización Mundial de la Propiedad Intelectual (OMPI), que actualmente cuenta con una base de datos especializada en marcas capaz de realizar búsquedas que permite a todo aquel que la utiliza observar las diferencias y similitudes entre marcas de manera visual. En este caso, la IA proporciona auxilio a los solicitantes a la hora de determinar los términos más apropiados y su correspondiente clase en la clasificación de Niza. Desde la Oficina de Propiedad Intelectual de Australia, se está desarrollando un sistema que ofrece a los examinadores de marcas una herramienta de evaluación inteligente que identifica marcas denominativas anteriores al mismo tiempo que se realiza una forma de evaluar que trate el carácter distintivo de la marca[3].

En el caso de las firmas legales, se está implementando con un objetivo más estratégico. Con carácter general, los despachos dan uso a esta tecnología para

---

3 Ministerio de Industria, Comercio y Turismo de España. (2023). *Revista de Economía Industrial*, 433. Recuperado de: https://www.mintur.gob.es/Publicaciones/Publicacionesperiodicas/EconomiaIndustrial/RevistaEconomiaIndustrial/433/10ASENSI_EI433_web.pdf (última consulta 04/08/2025).

conocer jurisprudencia adaptada a su situación concreta[4]. En el contexto de firmas legales especializadas en marcas, estas utilizan IA para conocer la probabilidad que tiene un signo distintivo de acabar siendo registrado con éxito. Esto permite a dicha firma desarrollar una nueva estrategia legal o adaptar la ya existente para aumentar la probabilidad de éxito.

Sin embargo, no todo lo que se está desarrollando ha llegado a su punto más alto, estos novedosos sistemas aún presentan deficiencias en su uso, quizás, por el carácter prematuro de la tecnología en sí, pendiente de crecer de manera exponencial tal y como se estima que ocurrirá en los próximos años[5]. Una situación así se da en el examen de marcas cuando se realiza una prueba de uso, que consiste en un proceso mediante el cual el solicitante de una marca exige al titular de una marca anterior la demostración del uso de su marca durante un tiempo definido. En este supuesto, la IA realiza una búsqueda comparativa con marcas preexistentes y figurantes en una base de datos, omitiendo aquellas marcas que efectivamente se usan en el mercado, pero carecen de registro, lo que genera problemas legales.

Por último, la explicación a las limitaciones que presenta la IA se encuentra en los datos. Otra de las grandes limitaciones a nivel general se relaciona con los conjuntos de datos, esta tecnología debe ser entrenada con grandes volúmenes de datos que además, deben cumplir con otras normativas más conocidas por la sociedad europea, un ejemplo de ello es el Reglamento General de Protección de Datos (en adelante, RGPD)[6]. Para un correcto funcionamiento entrenamiento y por tanto, una mayor eficiencia en su uso, los datos deben ser suficientes, diversos y representativos además de estructurados, problemática que se observa en la actualidad.

2. MONITORIZACIÓN DE MERCADO

Una de las aplicaciones estelares de la IA consiste en monitorear el mercado

4 ECIJA, Ecija apuesta por convertirse en una "Full AI firm" https://www.ecija.com/actualidad-insights/ecija-apuesta-por-convertirse-en-una-full-aifirm/ (última consulta 04/08/2025).

5 Hostinger, Estadísticas y tendencias de inteligencia artificial para 2025 https://www.hostinger.com/es/tutoriales/estadisticas-y-tendencias-de-ia#:~:text=8.-,Se%20espera%20que%20el%20mercado%20mundial%20de%20la%20IA%20crezca,artificial%20en%20todos%20los%20sectores. (última consulta 04/08/2025).

6 Reglamento (UE) 2016/679 del Parlamento Europeo y del Consejo de 27 de abril de 2016 relativo a la protección de las personas físicas en lo que respecta al tratamiento de datos personales y a la libre circulación de estos datos y por el que se deroga la Directiva 95/46/CE (Reglamento general de protección de datos).

en el que una marca encuentra a su público. Por ello, en la que es quizás su vertiente más investigadora, se introduce en el mercado para recabar información acerca de aquellos que venden sus productos de manera ilegal, mediante falsificaciones expuestas en páginas webs o mediante *links* que redirigen a las mismas. Siendo esta la situación, un caso actual es el de Hacoo, una plataforma que tiene un *marketplace* en el que se vende una gran cantidad de falsificaciones mediante uso de *links* por redes sociales.

Sin embargo, el uso de la IA para el seguimiento en Internet de situaciones que afectan a la marca invita a reflexionar acerca de la contraposición de derechos que puede conllevar. Por una parte, se encuentra el interés público para fines de seguridad en línea y de otro lado, la privacidad. Conviene en este caso, recalcar que el uso de sistemas de inteligencia artificial para buscar masivamente falsificaciones en internet no está prohibido por el RIA, al basarse en fines legítimos. Los fines legítimos conllevan en este caso el tratamiento de datos mediante IA encontrando su justificación no necesariamente en una obligación legal, sino en el desempeño de sus funciones dentro de su actividad empresarial. En ocasiones, puede incluso realizar una identificación de personas o elaborar perfiles. En estos casos, podría tratarse de un sistema de alto riesgo y deberá seguir lo dispuesto en los artículos 6 y 7 del RIA, además de asegurar el tratamiento de datos a una adecuación al RGPD.

3. MONITOREO SEO Y PALABRAS CLAVE

Es importante comenzar con una definición que permita entender en qué consiste el SEO. El Search Engine Optimization (SEO) se puede definir como aquel conjunto de procesos que tienen como objetivo mejorar la visibilidad de un sitio web en los motores de búsqueda. Es decir, el objetivo final es que motores de búsqueda como Google o Bing entiendan mejor un contenido web y puedan mostrarlo en un posicionamiento más alto. Por otro lado, las palabras claves se entienden como aquellas que el usuario introduce en el buscador, sirviendo para el motor de búsqueda de conexión entre el contenido web y la búsqueda del usuario. Por lo tanto, la combinación de ambas herramientas provoca que en base a una serie de factores, cuando el usuario busque algo, encuentre en las posiciones más altas páginas webs con mejor contenido y dirigido al usuario.

En el monitoreo SEO y palabras clave se produce otro de los puntos de encuentro entre la IA y el Derecho de marcas. Cabe decir que el uso de esta tecnología también va a permitir conocer dónde se están vendiendo productos de una empresa, esto es así porque la tecnología va a ser capaz de rastrear el entorno virtual de una página web y va a poder realizar una búsqueda de palabras clave. Por lo que, en este sentido, las marcas van a poder protegerse de otros competidores que usen su logo, signo distintivo o nombre con el objetivo de conseguir un mayor tráfico virtual en su página web.

Una sentencia del Tribunal de Justicia de la Unión Europea (en adelante, TJUE) de hace años puede resolver dudas acerca del nivel de protección legal que ostenta el derecho de marcas actualmente y con vistas a un futuro cambiante. Es relevante en esta materia analizar el asunto *Interflora*, una sentencia que pondera y valora la existencia de lo que se conoce como "doble identidad"[7].

El asunto *Interflora* encuentra su base en un conflicto surgido entre Interflora (en adelante, demandante) y Max & Spencer (en adelante, demandado). Durante el transcurso del litigio, la High Court of Justice plantearon varias cuestiones prejudiciales al TJUE. En primer lugar, se plantea si cuando un competidor hace uso de una marca registrada como palabra clave en anuncios patrocinados, usándola comercialmente, aunque sin mostrarla en el buscador, está haciendo uso de dicha marca a ojos de la Directiva 89/104/CEE[8] y 9 del Reglamento 40/94, en materia de protección de marcas registradas[9]. En segundo lugar, se cuestionan las consecuencias de dicho uso en servicios o productos idénticos. En tercer lugar, si entran en juego las disposiciones de protección de marcas e identidad. Por último, hace referencia a la posible solución legal, se cuestiona sobre si debe centrarse en el riesgo de confusión del público o, en la imposibilidad de impedir el uso de la marca en el buscador.

El demandado contrató anuncios en línea, mediante el uso de Google AdWords, usando como palabra clave la marca "*Interflora*" (y variantes), de modo que, al buscar ese término, aparecía su anuncio de envío de flores como enlace

---

7 STJUE de 22 de septiembre de 2011, asunto *Interflora* (C-323/09) EU:C:2011:604.
8 Primera Directiva del Consejo, de 21 de diciembre de 1988, relativa a la aproximación de las legislaciones de los Estados miembros en materia de marcas (89/107/CEE).
9 Reglamento (CE) n° 40/94 del Consejo, de 20 de diciembre de 1993, sobre la marca comunitaria.

patrocinado, sin mencionar expresamente "Interflora" en el texto del anuncio.

Por su parte, la demandante alegó que esta práctica infringía, en primer lugar, sus derechos de marca por un uso no autorizado. En segundo lugar, declaró que provocaba una confusión en sus consumidores acerca del origen comercial del servicio y, por último, manifestó que se produjo un menoscabo a su propia marca, al realizar este competidor uso de esta, aprovechándose de su notoriedad en el mercado.

Ante esta situación, el TJUE decidió que puede existir prohibición de uso si se vulnera la función de indicación de origen. Dicha función se da cuando una persona normalmente informada y atenta no es capaz de distinguir de donde provienen los servicios, que aplicado al caso, se refiere a conocer si efectivamente el servicio lo ofrecía Interflora, una empresa vinculada a esta o un tercero.

Se realizó un examen de otras dos funciones de la marca, como la de publicidad y la de inversión. En cuanto a la primera de ellas, no planteó problema alguno pues cumplía con los requisitos legales. La función de inversión sí que planteó mayores dificultades al valorarse, en primer lugar, ante la duda de si el uso del signo idéntico al de Interflora por parte del demandado provocaba un impedimento de uso en Interflora para adquirir o conservar la reputación. El TJUE aclaró que el titular no puede oponerse al competidor "si la única consecuencia que tiene ese uso es obligar al titular de la marca a adaptar sus esfuerzos para adquirir o conservar una reputación que permita atraer a los consumidores y ganarse una clientela fiel" (apartado 64).

III. RETOS JURÍDICOS

El objeto de este apartado versa, en primer lugar, sobre los retos jurídicos que la implementación de la IA tiene en el ámbito de la publicidad. En segundo lugar, se expondrá la relación que la IA tiene con la protección de datos. Por último, se hará una mención especial a la directiva de minería de textos y datos, destacando su posible uso como norma de referencia para una futura aplicación al derecho de marcas e IA.

1. IA EN LA PUBLICIDAD

Las primeras referencias a la publicidad en relación con el RIA pueden observarse en su propio considerando 29, donde la IA entra en contacto con las prácticas comerciales desleales. Este considerando menciona la alta capacidad manipuladora de la IA y los graves perjuicios que esta puede provocar, incluyendo sistemas que usan estímulos subliminales. Además, atribuye la importancia al efectivo perjuicio, no siendo relevante la existencia de intención. Por último, hace referencia a prácticas que se excluyen, como la publicidad, cuando esta cumpla con la normativa.

El RIA apuesta por la defensa de los derechos fundamentales de las personas físicas. Por tanto, puede observarse en su artículo 5 una serie de prácticas[10] que deben ser declaradas como prohibidas, esto se produce porque su uso siempre va a lesionar ciertos derechos de las personas que pueden calificarse de inadmisibles. Es necesario realizar una puntualización acerca de este precepto, ya que se declaran prohibidas las prácticas, no los sistemas de IA según la definición del artículo 3.1 RIA. Esto permite entender que se puede estar ante un sistema perfectamente válido para su introducción en el mercado, pero por sus funciones y finalidades, ser declarado como prohibido.

El escenario normativo que se plantea para el uso de la IA en la publicidad conlleva la complementación del RIA con la Ley General de Publicidad (LGP)[11]. Ante esta conexión, procede realizar varias reflexiones acerca del nivel de protección legal que ofrece y la necesidad de ponderar dicha protección con la innovación tecnológica.

Por un lado, el artículo 5.1 a) RIA se refiere a la puesta en servicio de sistemas de IA que, se sirvan de técnicas que sobrepasen la consciencia humana o, las manipule provocando así un comportamiento que de otra forma no hubiera realizado. Estas técnicas son declaradas prohibidas cuando lleven a dicha persona a causarle un perjuicio.

El artículo 4 LGP ya hace una especial mención a este tipo de situaciones en el ámbito de la publicidad, refiriéndose al concepto de publicidad subliminal. Este precepto cuenta con la cobertura del artículo 3 de la misma normativa. Específicamente, de los apartados d) y e) de este último artículo se deduce que, para que una actividad publicitaria pueda ser declarada como ilícita, no es necesario un

---

10 Como, por ejemplo, la introducción en el mercado, la puesta en servicio para este fin específico o el uso de sistemas de IA para inferir las emociones de una persona física en los lugares de trabajo y en los centros educativos, excepto cuando el sistema de IA esté destinado a ser instalado o introducido en el mercado por motivos médicos o de seguridad.
11 Ley 34/1988, de 11 de noviembre, General de Publicidad.

perjuicio posterior. De esta forma, la idea que se extrae es que el uso de técnicas que traspasen la consciencia humana definidas en el artículo 4 LGP, quedarán prohibidas por su conexión con el artículo 3 LGP. Todo ello, aunque no provoque perjuicio alguno sobre el consumidor, ofreciendo así una mayor protección legal que el RIA. Un ejemplo de publicidad subliminal sin consecuencia perjudicial en el consumidor puede darse en la publicidad de concienciación medioambiental. En este caso, el artículo 5 del RIA puede ser incompleto al exigir que las técnicas usadas provoquen perjuicio, sin embargo, en esta situación será la LGP la norma que pueda aplicarse en defensa de los consumidores.

Además de las prácticas prohibidas del artículo 5 RIA, en la publicidad, puede darse el uso de sistemas de IA que sean calificados como de alto riesgo. El artículo 6 RIA ofrece un listado de estos sistemas, remitiendo alguno de ellos al anexo I y III del mismo. Así, un ejemplo de sistema de alto riesgo utilizado en el campo de la publicidad podría darse en relación con los partidos políticos cuando realizan publicidad con el fin de influir en la decisión electoral de las personas. Será en estos supuestos, en los que no es necesaria la infracción de la LGP para que el consumidor esté protegido, sino que el RIA va a garantizarla. Esto es así puesto que el carácter de prevención del riesgo que establece el RIA hace necesario que los que introduzcan esta tecnología en el mercado cumplan con una serie de requisitos y obligaciones generales en toda la cadena de sujetos que operan el mercado cuando se usa IA. Por tanto, al existir toda una serie de obligaciones a cumplir, y añadiendo que todos los sujetos de la cadena de producto deben asegurar el cumplimiento entre ellos, el consumidor no estará desprotegido cuando este tipo de actividades se introducen en el mercado.

El tercer supuesto que se plantea se da en relación con aquellos sistemas que no son de alto riesgo, a los que el RIA hace mención, pero no les aplica grandes medidas restrictivas, sino que se aplica el artículo 95 RIA relativo a código de conductas. En este supuesto, el consumidor podría ser protegido con una mera acción de información, de tal manera que cualquier persona que interactúe con dicha tecnología en el marco de la publicidad deberá ser informada del uso de IA en la publicidad, en un espacio visible y con los requisitos que se estimen necesarios para su compresión.

2. CONEXIÓN CON EL RGPD

Una de las grandes preocupaciones de Europa pasa por dar cobertura al uso de la IA en una sociedad que cada vez se nutre en mayor proporción, con datos. En 2020 ya la Agencia Española de Protección de Datos (AEPD) publicó una guía introductoria que permitiera a los sujetos que introducen IA en el mercado tener una aproximación de cómo deben ser tratados los datos obtenidos con los sistemas de IA[12].

En esta guía, se aborda una gran cantidad de aspectos para garantizar una correcta adecuación de esta tecnología al RGPD. A priori, debe señalarse esta normativa guarda gran relación con el RIA. Uno de los puntos en los que el derecho de marcas, la IA y la protección de datos van a conectar en mayor profundidad en lo relativo a las decisiones automatizas del artículo 22 RGPD. Este artículo del Reglamento ofrece el derecho a los sujetos con el fin de que la tecnología no decida de manera automática una situación que les afecta. Por tanto, sí tiene cabida la posibilidad de tratamiento de datos mediante uso de tecnología, pero la decisión recaerá en un humano o, al menos, una decisión tomada por la tecnología podrá ser revisada por dicho humano.

En la aplicación de la IA en el entorno empresarial, el foco se centra en perfilado automático y la "publicidad dirigida". Las empresas pueden usar sistemas de IA que rastreen hábitos de navegación, redes sociales o incluso el historial de compras de un particular con el fin de adaptar un mensaje a su público objetivo. Es importante contar, por tanto, en el curso de estas actividades con una serie de exigencias que regulen estas actividades. Un ejemplo de ello puede ser el importante cumplimiento de la licitud del tratamiento de datos del artículo 6 RGPD.

Sin embargo, en la explotación de marcas en el entorno virtual, en ocasiones se realiza un perfilado automático mediante el uso de IA. El artículo 22 RGPD prohíbe estas decisiones con carácter general, si bien, también añade excepciones como cuando se cuenta con el consentimiento del interesado o en caso de ejecución de un contrato entre el interesado y el responsable del tratamiento. Además, no se

---

12 JAGENCIA ESPAÑOLA DE PROTECCIÓN DE DATOS (AEPD), *Adecuación del RGPD en tratamientos que incorporan Inteligencia Artificial,* 2020, https://www.aepd.es/guias/adecuacion-rgpd -ia.pdf (última consulta el 05/06/2025).

basarán en las categorías especiales de datos personales salvo excepciones, como en el supuesto de existencia de un interés público y en el que, además, se hayan tomado medidas adecuadas para salvaguardar los derechos e intereses legítimos del interesado.

Por otro lado, la IA debe cumplir con los principios del tratamiento de datos expresados en el artículo 5 RGPD. Debe ser señalado especialmente el principio de minimización de datos. De esta forma, se impide a las marcas tratar una mayor cantidad de datos de lo necesario para fines como pueden ser el analítico o el publicitario. A ello debe añadirse la importancia de la transparencia exigida al responsable del tratamiento de datos en los artículos 13 y 14 RGPD. Ambos requieren al responsable facilitar información al interesado, tanto si se han obtenido de él los datos, como si son obtenidos por otra vía. También se hace una especial referencia al artículo 22 RGPD en el 13.2.f) RGPD cuando se menciona la necesidad de "información significativa sobre la lógica aplicada, así como la importancia y las consecuencias previstas de dicho tratamiento para el interesado".

En el uso de la IA para la generación o creación de marcas en el sentido de nuevos signos distintivos, es necesario estudiar el proceso que ha llevado al sistema de IA a ofrecer dicho resultado. En caso de conocer las bases de datos de entrenamiento, es necesario observar qué datos pueden calificarse de personales (por ejemplo: imágenes o nombres). Cuando se da esta situación, el tratamiento realizado por la IA debe adecuarse al artículo 25 RGPD. En el mismo se establece que el tratamiento de datos debe darse desde el comienzo en cualquier proceso, tratando los datos para un propósito concreto y complementándose así con el principio de minimización del artículo 5.1.c) RGPD. Además, el responsable del tratamiento debe implementar medidas técnicas y organizativas de manera proactiva desde las primeras etapas. Por otro lado, el artículo 32 establece una serie de medidas a adoptar y que deben ser evaluadas. De estos artículos se extrae por tanto la necesidad que las empresas tienen de garantizar la seguridad de datos desde las primeras etapas implementando medidas de forma proactiva. Un ejemplo de la necesidad de aplicar estos preceptos en el uso de IA puede darse en una app de salud mental que analiza mensajes de usuarios, todo ello con el objetivo de ofrecer recomendaciones personalizadas.

3. LA DIRECTIVA DE MINERÍA DE TEXTOS Y DATOS COMO POSIBLE REFERENCIA NORMATIVA

Las personas físicas son sujetos de protección a ojos del RGPD, sin embargo, la sociedad está compuesta por otros sujetos que no deben quedar desprotegidos de los peligros que la IA presenta. Las marcas operan en el mercado y deben encontrar una vía que garantice su seguridad como sujeto de derecho.

Debe comenzarse dejando claro que la Directiva 2019/790 de derechos de autor en el mercado único digital (en adelante, la Directiva)[13] está enfocada a proteger las obras originales. La Directiva 2019/790 tiene por finalidad la adaptación del marco jurídico de la propiedad intelectual a los nuevos retos surgidos en el entorno digital. Sin embargo, no se aplica a la titularidad de marcas, dejando un vacío que tendrá que ser suplido por otras normas europeas.

La minería de textos y datos, según el artículo 2.2 de la Directiva, se define como "toda técnica analítica automatizada destinada a analizar textos y datos en formato digital a fin de generar información que incluye, sin carácter exhaustivo, pautas, tendencias o correlaciones". La Directiva (UE) 2019/790 reconoce expresamente la actividad de minería de textos y datos como una excepción al derecho de autor en sus artículos 3 y 4. El artículo 3 establece una excepción obligatoria para la minería de datos con fines de investigación científica, aplicable únicamente a organismos de investigación y entidades de patrimonio cultural, sin que los titulares de derechos puedan oponerse a su uso. El artículo 4, introduce una excepción de carácter general que permite realizar minería de textos y datos con cualquier finalidad, incluida la comercial. Ello es así únicamente en la medida en que el titular de derechos no haya manifestado expresamente su oposición mediante mecanismos legibles por máquina. En este caso, si existe reserva de derechos, la minería de datos requerirá autorización.

Tras analizar los usos que la IA puede tener en el ámbito marcario y la repercusión de la misma, parece claro que una directiva específica para marcas podría tener cabida, además de ser necesaria. Ante la falta de regulación expresa en este

---

13 Directiva (UE) 2019/790 del Parlamento Europeo y del Consejo de 17 de abril de 2019 sobre los derechos de autor y derechos afines en el mercado único digital y por la que se modifican las Directivas 96/9/CE y 2001/29/CE.

particular, el sector legal realiza prácticas que permiten en parte proteger las marca o al menos, cuidar su responsabilidad.

Actualmente, existen mecanismos preventivos para evitar el rastreo de información de una página web de cualquier marca y, por tanto, impedir la extracción de información que pueda tener repercusión en el derecho de marcas. Una de las prácticas actuales se focaliza en comunicar esta prohibición de extracción de información en el texto de términos y condiciones de uso de una página web. La finalidad es informar a esos sistemas de las consecuencias de dicha extracción. Otro de los usos se da en los conocidos "robots.txt", se trata de un archivo que tiene por finalidad limitar el acceso al contenido web a los "bots" que rastrean información en el entorno digital. La aplicación de robots.txt a la página web de una marca podría impedir el acceso de una IA cuya misión es recopilar información sobre marcas para su aplicación a estudios de mercado, por ejemplo.

Otra de las actividades que se llevan a cabo está relacionada con la generación de marcas mediante uso de IA de forma total o parcial. En este sentido, se observa en la práctica que el foco se centra en el resultado obtenido por el uso de la IA. Esto se realiza mediante la inclusión de cláusulas contractuales excluyendo el uso de IA para cualquier uso relacionado con la generación de marcas. La principal desventaja existente es la imposibilidad de conocer exactamente qué datos se han utilizado para crear dicha marca.

IV. CONCLUSIÓN

En una sociedad en la que el uso de la IA está creciendo a pasos agigantados, es necesario preguntarse sobre la protección jurídica que se ofrece a aquellos sujetos que no se recogen expresamente en el RIA. Parece que la normativa española evoluciona, aunque no avance a la velocidad de la IA, con el fin de ofrecer garantías legales a los consumidores de la misma.

El RIA ha asumido ya parte de este reto. Sin embargo, el uso de sistemas de IA en contextos de publicidad, decisiones automatizadas y tratamiento de datos sensibles parece necesitar el apoyo de otras normativas para conseguir una protección completa y eficaz. En su relación con las marcas, la especificidad del Derecho de marcas, tan vinculado a la identidad empresarial y a la protección del consumidor, exige una atención normativa especial. La Directiva de derechos de autor en el mercado único digital aunque orientada al Derecho de autor, podría ofrecer un modelo útil al reconocer expresamente el uso legítimo de técnicas automatizadas como la minería de datos, y así, articular preceptos que respeten el equilibrio entre innovación tecnológica y los derechos preexistentes.

Una directiva de contenido análogo, pero dirigida al ámbito marcario, permitiría armonizar los usos de IA en tareas como la detección automatizada de infracciones, el análisis de mercado y la creación algorítmica de nuevos signos distintivos. Ello implicaría reconocer usos legítimos de marcas en procesos técnicos, sin que ello suponga una infracción por sí misma, siempre que se respeten garantías como la transparencia. La inclusión de reservas expresas de derechos (como los "robots.txt" o cláusulas contractuales sobre IA) pueden ser un mecanismo idóneo para que los titulares puedan restringir la exposición de sus signos en el entorno digital.

En conclusión, la inteligencia artificial en el ámbito marcario requiere no solo una lectura extensiva de las normas existentes, sino también una respuesta regulatoria específica y garantista. El futuro del Derecho de marcas no puede dejar de lado las transformaciones tecnológicas, sino que deben ser integradas bajo una perspectiva de legalidad, proporcionalidad y tutela efectiva.

V. BIBLIOGRAFÍA

• Agencia Española de Protección de Datos (AEPD). (2020). *Adecuación del RGPD en tratamientos que incorporan Inteligencia Artificial.* Recuperado de: https://www.aepd.es/guias/adecuacion-rgpd-ia.pdf (última consulta el 05/06/2025).
• Boletín Oficial del Estado (BOE). (2015). *Directiva 2015/2436 del Parlamento Europeo y del Consejo sobre marcas.* Recuperado de: https://www.boe.es/doue/2015 /336/L00001-00026.pdf (última consulta el 05/06/2025).
• Boletín Oficial del Estado (BOE). (2017). *Reglamento 2017/1001 sobre marcas de la Unión Europea.* Recuperado de: https://www.boe.es/doue/2017/154/L00001 -00099.pdf (última consulta el 05/06/2025).
• Boletín Oficial del Estado (BOE). (2019). *Reglamento (UE) 2019/1150 del Parlamento Europeo y del Consejo, de 20 de junio de 2019, relativo a la promoción de la equidad y la transparencia para los usuarios de servicios de intermediación en*

línea. Diario Oficial de la Unión Europea, 130, 92-125. Recuperado de: https://www.boe.es/doue/2019/130/L00092-00125.pdf (última consulta el 05/06/2025).

• Comisión Europea. (2023, diciembre 9). *La UE invertirá cerca de 500 millones de euros en tecnologías e investigación de vanguardia* — Proyectos Parte 1. Recuperado de: https://digital-strategy.ec.europa.eu/es/activities/invest-close-half-billion-euro-part-one (última consulta el 05/06/2025).

• El Derecho. (n.d.). *Comercialización de productos falsificados en plataformas digitales: caso Hacoo.* Recuperado de: https://elderecho.com/comercializacion-de-productos-falsificados-en-plataformas-digitales-caso-hacoo (última consulta el 05/06/2025).

• G. MINERO ALEJANDRE, «Los dos límites (el obligatorio y el optativo) de minería de textos y datos», en *La Directiva de mercado único digital y su incorporación al derecho español*, coord. Pilar Cámara Águila e Ignacio Garrote Fernández-Díez, Tirant Lo Blanch, 2024.

• GARCÍA, P. V. (2024). Efectos de la regulación europea sobre inteligencia artificial en el control de la publicidad ilícita. *Revista e-mercatoria*, 23(2), 2024, 203-229.

• IndesIA. (n.d.). *Casos de uso.* Recuperado de: https://www.indesia.org/servicios/casos-de-uso/ (última consulta el 05/06/2025).

• Ministerio de Industria, Comercio y Turismo de España. (2023). *Revista de Economía Industrial*, 433. Recuperado de: https://www.mintur.gob.es/Publicaciones/Publicacionesperiodicas/EconomiaIndustrial/RevistaEconomiaIndustrial/433/10AS ENSI_EI433_web.pdf (última consulta el 05/06/2025).

• Oficina Española de Patentes y Marcas (OEPM). (2020). *IA y defensa de la propiedad intelectual en España.* Recuperado de: https://www.oepm.es/export/sites/portal/comun/documentos_relacionados/PDF/Estudio_IA_y_Defensa_de_PI_E spana-OEPM_ANDEMA_ClarkeModet-comprimido.pdf (última consulta el 05/06/2025).

• Organización Mundial de la Propiedad Intelectual (OMPI). (n.d.). *Global brand database.* Recuperado de: https://www.wipo.int/es/web/global-brand-database (última consulta el 05/06/2025).

• Parlamento Europeo y Consejo de la Unión Europea. (2024). *Reglamento (UE) 2024/1689 del Parlamento Europeo y del Consejo de 13 de junio de 2024 por el que se establecen normas armonizadas en materia de inteligencia artificial y por el que se modifican los Reglamentos (CE) n. o 300/2008, (UE) n. o 167/2013, (UE) n. o 168.* Diario Oficial de la Unión Europea. Recuperado de: https://eur-lex.europa.eu/legal-content/ES/TXT/PDF/?uri=ecli:ECLI%3AEU%3AC%3A2011%3A604(última consulta el 05/06/2025).

• STJUE de 22 de septiembre de 2011, asunto *Interflora* (C-323/09) EU:C:2011:604.

JOSÉ LUIS SERNA ARBELÁEZ

Estudiante de la XIX edición del Máster en Propiedad Intelectual, Industrial y Nuevas Tecnologías de la Universidad Autónoma de Madrid

RESUMEN: El presente trabajo analiza el impacto transformador de la tecnología blockchain en el ámbito de la propiedad intelectual (PI), especialmente en su interacción con la inteligencia artificial (IA). Se examina cómo la descentralización, la inmutabilidad y los contratos inteligentes redefinen la forma en que se gestionan, protegen y explotan las obras y prestaciones protegidas objeto de derechos de PI. Se aborda cómo la *blockchain* permite registrar obras, automatizar licencias y garantizar la trazabilidad de activos digitales. Asimismo, se presentan los principales desafíos regulatorios que plantea esta tecnología, desde la compatibilidad con el Reglamento 2016/679, de protección de datos (RGPD) hasta el reconocimiento legal de los contratos inteligentes. En este contexto, se explora el papel de la *blockchain* como infraestructura jurídica emergente, capaz de transformar la gobernanza, la resolución de disputas y la economía de los derechos intangibles, proponiendo un modelo híbrido entre innovación tecnológica y tutela jurídica.

PALABRAS CLAVE: *Blockchain*, inteligencia artificial, propiedad intelectual, contratos inteligentes, registro digital, NFTs, descentralización; protección de datos, criptoactivos, gobernanza jurídica.

SUMARIO: I. INTRODUCCIÓN: CAMBIO DE PARADIGMA. II. AMBITOS DE APLICACIÓN DE LA BLOCKCHAIN. 1. ÁMBITO TÉCNICO. **2.** ÁMBITO JURÍDICO. **3.** ÁMBITO ECONÓMICO. **III. APLICACIÓN DE LA BLOCKCHAIN A LA PI EN EL CONTEXTO DE LA IA. IV. RETOS NORMATIVOS Y APROXIMACIONES JURISPRUDENCIALES SOBRE LA *BLOCKCHAIN*. V. CONCLUSIONES. VI. BIBLIOGRAFÍA.**

I. INTRODUCCIÓN: CAMBIO DE PARADIGMA

El fenómeno descentralizador y seguro del metaverso está generando un nuevo paradigma jurídico ante la concurrencia inevitable de ámbitos como la *blockchain*, la IA y la PI. Este cambio obliga a los juristas a redefinir la manera en que deben percibirse, registrarse, protegerse, gestionarse y, en consecuencia, explotarse de forma efectiva y eficiente las obras y prestaciones protegidas por los derechos de PI. La descentralización, impulsada por estas tecnologías emergentes, elimina intermediarios tradicionales y reduce costes de transacción en el mercado digital, promoviendo una relación directa y fidedigna entre creadores y consumidores que facilita y complementa las funciones de actores como entidades de gestión colectiva, notarios o plataformas de contenido. En este nuevo ecosistema digital, la *blockchain* permite a los creadores registrar y gestionar directamente sus derechos, pues la certificación de derechos a través de hashes garantiza la autenticidad y titularidad de las obras de forma inmutable[1].

No obstante, esta automatización y sistematización también plantea desafíos regulatorios para legislaciones, que, en un contexto globalizado y cambiante, deben equilibrar la innovación con la protección de derechos y la supervisión de transacciones sin intermediarios. La incursión de la IA en la producción de contenido y en la ejecución y supervisión de contratos genera interrogantes sobre la responsabilidad legal, la titularidad de las creaciones y la aplicabilidad de las normas tradicionales de PI en este entorno descentralizado. En este escenario, el Derecho debe evolucionar para ofrecer respuestas efectivas a la nueva realidad tecnológica sin frenar su desarrollo.

II. ÁMBITOS DE APLICACIÓN DE LA BLOCKCHAIN

La blockchain puede analizarse a partir de una perspectiva técnica, jurídica y económica, dado su impacto en la estructuración de los mercados y las normativas. Se trata de una tecnología basada en software distribuido que permite el registro seguro e inmutable de transacciones sin necesidad de intermediarios. Su adopción ha transformado el mercado, al proporcionar agilidad, inmutabilidad y transparencia en las operaciones, garantizando la seguridad y la eficiencia en diversos marcos jurídicos a nivel global.

1. ÁMBITO TÉCNICO

Los precursores del concepto fueron S. Haber y W. Scott Stornetta, quienes

---

[1] La función hash es un proceso criptográfico que genera una huella digital única a partir de datos originales, de modo que cualquier alteración mínima cambia radicalmente el valor hash. Permite así probar la existencia y la integridad de una obra sin revelar su contenido. Se puede deducir de la definición «hash» de S. HABER y W. S. STORNETTA,

en 1991 describieron la *blockchain* como: «Una estructura de datos encadenada de registros digitales inmutables, asegurada criptográficamente, que permite el consenso distribuido sin una autoridad central»[2].

El estudio, titulado *How to Time-Stamp a Digital Document*, tuvo por objeto desarrollar mecanismos para generar esquemas de sellos de tiempo digitales y garantizar un registro único y seguro de activos digitales. Esto ofreció una solución sistematizada y viable para prevenir la alteración de documentos digitales, sentando así las bases para la posteriormente denominada *blockchain*.

En 2008, Satoshi Nakamoto, el seudónimo atribuido al colectivo creador del *bitcoin*, presentó en su *whitepaper* una descripción de la *blockchain* como: «La solución que proponemos comienza con un servidor de marcas de tiempo. Un servidor de marcas de tiempo funciona al tomar un hash de un bloque de elementos a ser fechados y publicando ampliamente el hash, tal como en un periódico, o una publicación Usenet [2-5]. La marca de tiempo prueba que la data debe haber existido en el tiempo, obviamente, para meterse dentro del hash. Cada marca de tiempo incluye la marca de tiempo previa en su hash, formando una cadena, con cada marca de tiempo adicional reforzando las anteriores a esa»[3].

En 2016, D. Tapscott y A. Tapscott ofrecieron una definición académica detallada en su libro *Blockchain Revolution*, donde describieron esta tecnología como «un libro de contabilidad digital incorruptible de transacciones económicas que puede ser programado para registrar no solo transacciones financieras, sino prácticamente cualquier cosa de valor». Esta perspectiva amplió el alcance de la *blockchain* más allá de las criptomonedas, destacando su potencial para transformar múltiples sectores[4].

«How to time-stamp a digital document», en *Journal of Cryptology*, núm. 3, 1991, p. 4.

2 H. STUART y W. S. STORNETTA, «How to Time-Stamp... *op. cit.*, p. 4: «The practical importance of such functions has been known for some time, and researchers have used them in a number of schemes; see, for example, [7, 15, 16]. Damgard gave the first formal de definition, and a constructive proof of their existence, on the assumption that there exist one-way/claw-free" permutations. For this, any \one-way group action" is sufficient».

3 S. NAKAMOTO, *Bitcoin: Un sistema de dinero en efectivo electrónico peer to peer*, en Bitcoin.org, 2008, p. 3, traducción oficial disponible en: https://bitcoin.org/files/bitcoin-paper/bitcoin_es_latam.pdf (u.v. 25/07/2025).

4 D. TAPSCOTT y A. TAPSCOTT, *Blockchain Revolution*, Portfolio, Nueva York, 2016, p. 146: «Because the blockchain is an incorruptible ledger of all data exchanges that occur in the network, built up over time and maintained by the collaboration of nodes in that particular network, the user can be sure the data are accurate».

En 2020, la OMPI elaboró el *Libro Blanco relativo a la Cadena de Bloques*, según el cual el objetivo de la aplicación de la *blockchain* en los ecosistemas de la propiedad intelectual es incrementar la eficiencia, la transparencia y el acceso a los activos de la propiedad intelectual[5].

«El objetivo de la aplicación de la *blockchain* en los ecosistemas de la propiedad intelectual, como indica el informe, es incrementar la eficiencia, la transparencia y el acceso a los activos de la propiedad intelectual. Si bien ciertas soluciones *blockchain* solo tienen aplicaciones potenciales en una sola fase de la cadena de valor de la propiedad intelectual, otras tienen aplicaciones en varias»[6].

Así, existen sistemas de *timestamping* que permiten registrar la existencia de una obra en el momento de su creación, lo cual es útil principalmente en la fase inicial de protección. Sin embargo, otras herramientas, como los contratos inteligentes (*smart contracts*), pueden intervenir en varias fases: no solo automatizando la concesión de licencias (fase de gestión), sino también facilitando el reparto automatizado de regalías (fase de explotación) y el monitoreo de infracciones (fase de defensa de derechos).

En este sentido, la *blockchain* no debe entenderse como una solución única ni monolítica, sino como un ecosistema tecnológico cuyas aplicaciones pueden desplegarse de manera segmentada o integral, dependiendo de las necesidades de los titulares de derechos, de la industria implicada y del marco regulatorio aplicable.

Según dicho estudio de la OMPI, «se trata de una estructura digital de almacenaje de datos sobre una transacción en línea, que se agrupa en conjuntos o bloques formando una cadena que no puede alterarse. Cada bloque contiene la información del anterior y los datos son públicos para todos los usuarios que forman la red que tiene acceso a esa cadena. De esta forma, si un usuario de la red quiere introducir un nuevo bloque debe contar con la aprobación del resto»[7].

---

5 OMPI, *Informe sobre el Libro Blanco relativo a la Cadena de Bloques en el Ecosistema de la PI*, CWS/9/8, Ginebra, 2021, p. 2.

6 CENTRO ESPAÑOL DE DERECHOS REPROGRÁFICOS (CEDRO), «Blockchain y propiedad intelectual», en *Blog CEDRO*, 10 de mayo de 2022, disponible en: https://www.cedro.org/blog/articulo/-blockchain-y-propiedad-intelectual (u.v. 25/07/2025).

7 OMPI, *Informe sobre el Libro Blanco relativo a la Cadena de Bloques en el Ecosistema de la PI*,

2. ÁMBITO JURÍDICO

La tecnología *blockchain* ha sido objeto de análisis en profundidad por diversos autores, entre ellos P. de Filippi y A. Wright, quienes en su obra *Blockchain and The Law: The Rule of Code* examinan su potencial transformador en el ámbito jurídico. En dicho trabajo, destacan su capacidad para alterar profundamente la gobernanza, la regulación y los sistemas tradicionales de protección de derechos, particularmente en lo que respecta a la PI y la automatización de las relaciones jurídicas mediante contratos inteligentes. De Filippi y Wright definen la *blockchain* como «un sistema de gobernanza descentralizado basado en registros inmutables, asegurado criptográficamente y gestionado mediante consenso distribuido, capaz de ejecutar contratos autoejecutables o *smart contracts* sin necesidad de intermediarios». Esta definición enfatiza la naturaleza descentralizada y programable de la tecnología, así como su capacidad para sustituir funciones jurídicas mediante mecanismos algorítmicos[8].

El enfoque presentado por los autores describe el uso potencial de la *blockchain* en la automatización del Derecho, en particular mediante contratos inteligentes que ejecutan cláusulas predefinidas sin intervención humana o la necesidad de un tercero de confianza. En propiedad intelectual, esta tecnología introduce mecanismos para la protección, gestión y explotación de obras y prestaciones protegidas por derechos de autor, patentes y marcas. Entre sus aplicaciones, permite establecer pruebas de autoría mediante el registro de una creación en la cadena de bloques, asignándole una marca temporal (*timestamp*) y un *hash* único, lo que proporciona evidencia técnica de su existencia en un momento específico. Por ejemplo, una persona puede registrar un manuscrito en la *blockchain* como prueba de autoría[9].

Asimismo, la blockchain facilita la gestión directa de derechos y licencias,

---

CWS/9/8, Ginebra, 2021, p. 2.

[8] P. DE FILIPPI y A. WRIGHT, *Blockchain and the Law: The Rule of Code*, Harvard University Press, Cambridge, 2018, p. 24: «At their core, blockchains are decentralized databases, maintained by a distributed network of computers. They blend together a variety of different technologies—including peer-¬to-¬peer networks, public-¬private key cryptography, and consensus mechanisms—to create a novel type of database. We provide here a short description of how blockchains work, and unpack and contextualize their key technological components».

[9] CENTRO ESPAÑOL DE DERECHOS REPROGRÁFICOS (CEDRO), *Blockchain y propiedad intelectual... op. cit.*

en tanto que, a través de contratos inteligentes, los creadores pueden licenciar sus obras sin depender de intermediarios tradicionales como editoriales, discográficas o plataformas de distribución.

Desde una perspectiva jurídica, uno de los aportes más significativos de esta tecnología radica en la eliminación de los costes de intermediación, lo que resulta altamente atractivo tanto para los mercados como para los ordenamientos jurídicos. Además de ofrecer seguridad y transparencia en las transacciones, contribuye a reducir la burocracia y sus costos operativos. El sistema de bloques enlazados criptográficamente garantiza la inmutabilidad e integridad de los datos registrados, blindado ante posibles alteraciones, lo cual fortalece su valor probatorio y su utilidad en procedimientos legales.

No obstante, pese a su potencial, la implementación de la *blockchain* en el Derecho enfrenta importantes retos normativos. Entre los desafíos jurídicos identificados, se encuentra la incompatibilidad con normativas contractuales vigentes, ya que los smart contracts no son reconocidos como vinculantes en todos los sistemas jurídicos. A ello se suma la dificultad de determinar la jurisdicción aplicable en una *blockchain* global y descentralizada, lo que plantea interrogantes sobre qué Derecho nacional debe regir las transacciones transfronterizas. Finalmente, surgen tensiones con los principios de protección de datos personales, particularmente en el marco del RGPD de la Unión Europea, ya que el derecho al olvido entra en conflicto con la inmutabilidad que caracteriza a la cadena de bloques.

Continuando en el enfoque jurídico de la *blockchain*, cabe resaltar el concepto de criptoactivo, que, de acuerdo con el artículo 3.1.5 del Reglamento (UE) 2023/1114 relativo a los mercados de criptoactivos, es «una representación digital de un valor o de un derecho que puede transferirse y almacenarse electrónicamente, mediante la tecnología de registro distribuido o una tecnología similar» (ej.: un *bitcoin*).

3. ÁMBITO ECONÓMICO

Desde una perspectiva económica, C. Catalini y J. Ganz afirman que la *blockchain* es una tecnología de registro distribuido que permite transacciones seguras, inmutables y verificables sin la necesidad de un tercero de confianza, lo que reduce costos y aumenta la eficiencia económica. La tecnología blockchain puede conceptualizarse como un sistema de contabilidad distribuida y descentralizada que habilita la transferencia directa de valor entre partes sin la intervención de intermediarios. Este modelo de organización transaccional optimiza los flujos económicos y reduce significativamente los costes de transacción al prescindir de bancos, agentes fiduciarios y registradores públicos. Eliminar intermediarios en los intercambios de valor hace que los mercados sean más eficientes, transparentes y trazables, impactando en los modelos de negocio, las cadenas de suministro y la confianza económica[10].

En una visión aún más amplia, S. Davidson, P. de Filippi y J. Potts sostienen que la *blockchain* no es solo una tecnología, sino también una institución económica que redefine las reglas del intercambio y la confianza en los mercados. Esta perspectiva institucionalista permite considerar a la *blockchain* como una alternativa funcional al marco de gobernanza económica tradicional, donde las funciones de supervisión, ejecución y control son asumidas por el propio diseño del sistema a través de mecanismos criptográficos y consensuales, desplazando en parte la intervención de entidades centralizadas[11].

---

10 C. CATALINI y J. GANZ, «Some Simple Economics of the Blockchain», *MIT Sloan Research Paper*, núm. 5191-16, 2016, p. 1, disponible en: https://papers.ssrn.com/sol3/papers.cfm?abstract_id=2874598 (u.v. 25/07/2025): «We build on economic theory to discuss how blockchain technology can shape innovation and competition in digital platforms. We identify two key costs affected by the technology: the cost of verification and the cost of networking. The cost of verification relates to the ability to cheaply verify state, including information about past transactions and their attributes, and current ownership in a native digital asset. The cost of networking, instead, relates to the ability to bootstrap and operate a marketplace without assigning control to a centralized intermediary. This is achieved by combining the ability to cheaply verify state with economic incentives targeted at rewarding state transitions that are particularly valuable from a network perspective, such as the contribution of the resources needed to operate, scale, and secure a decentralized network».

11 S. DAVIDSON, P. DE FILIPPI y J. POTTS, «Economics of Blockchain», en *SSRN*, 2016, p. 1, disponible en: https://ssrn.com/abstract=2744751 (u.v. 25/07/2025): «A blockchain is a way of creating a robust, secure, transparent distributed ledger. 1 This revolutionary new technology is also an unusual technology in that while manifestly an information and computation technology (an ICT)—as a software protocol based on cryptography, a blockchain is a new technology for public databases (of digital information)—it is actually better understood as an institutional or social technology for coordinating people. The purpose of this paper is to elaborate the economics of blockchain, and specifically the implication that what at first appears to be part of the ICT revolution is actually better understood as a revolution (or evolution) in institutions, organization and governance. Which is to say that this is a job for new institutional economics and public choice economics».

Desde una perspectiva económica basada en la teoría de los costes de transacción de R. H. Coase[12], la *blockchain* se presenta como una herramienta para reducir barreras institucionales en los intercambios, mediante un sistema autorregulado de registro y verificación que mejora la eficiencia de los mercados. La desintermediación contractual y financiera y la automatización con smart contracts facilitan nuevas formas de cooperación económica sobre una infraestructura digital distribuida y verificable, redefiniendo tanto la eficiencia microeconómica como el entorno macroeconómico de los mercados actuales.

III. APLICACIÓN DE LA BLOCKCHAIN A LA PI EN EL CONTEXTO DE LA IA

En la actualidad, uno de los mayores desafíos jurídicos a nivel mundial radica en la protección de las obras generadas por medio de sistemas de IA, en especial ante la ambigüedad normativa existente respecto a la titularidad de los derechos y la autoría en creaciones no humanas. En este escenario, la tecnología *blockchain* se proyecta como una herramienta jurídica innovadora, capaz de registrar, autenticar y gestionar estos nuevos activos intangibles, mediante sistemas descentralizados que garanticen trazabilidad, inmutabilidad y automatización[13].

El diseño de un sistema descentralizado de propiedad intelectual aplicable a creaciones humanas asistidas por IA podría estructurarse sobre mecanismos de registro y certificación basados en la tecnología *blockchain*. Mediante la emisión de *tokens no fungibles* (NFTs), cada activo digital quedaría representado de forma única e inmutable, lo que permitiría su gestión, trazabilidad y control posterior en entornos digitales. Desde una perspectiva jurídica, este procedimiento puede asimilarse a una forma de inscripción registral descentralizada, dotada de efectos probatorios relevantes tanto en el ámbito contractual como en eventuales controversias judiciales

---

12 R. H. COASE, «The Nature of a Firm», en *Economica*, vol. 4, núm. 16, 1937, pp. 386-405.

13 Q. WANG, G. YU, Y. SAI, H.M.N. DILUM BANDARA y S. CHEN, «Is Your AI Truly Yours? Leveraging Blockchain for Copyrights, Provenance, and Lineage», en ArXiv, 2025, disponible en: https://arxiv.org/abs/2404.06077 (u.v. 25/07/2025): «To bridge this gap, we harness the properties of blockchain technology, which offers a tamper-proof and trustworthy environment to establish authenticity, provenance, and lineage. Owing to its inherent characteristics of immutability and transparency, blockchain has garnered widespread recognition as a suitable technology for achieving regulatory compliance. For instance, data recorded on the blockchain is digitally signed and inherently tamperproof, thereby constituting an authentic and persistent record that accurately reflects an event(s) at a specific point in time. This makes blockchain a fitting candidate to address concerns related to data provenance and copyright compliance within the AI industry».

o arbitrales. La naturaleza transparente, verificable e inalterable de la cadena de bloques refuerza la validez de estos registros como elementos de prueba en procesos de defensa de derechos de PI[14].

A nivel de explotación económica y licenciamiento, los *smart contracts* introducen una forma eficaz de automatizar la gestión de derechos sobre las creaciones de IA. Estos contratos autoejecutables pueden programarse para distribuir automáticamente las regalías entre los distintos actores involucrados en el proceso creativo —desarrolladores de la IA, operadores de plataformas, usuarios u otros titulares de derechos conexos—, sin necesidad de intermediarios como editoriales, entidades de gestión colectiva o entidades de registro. Este modelo de gobernanza tecnológica redefine las relaciones jurídicas de PI, permitiendo su gestión en tiempo real, bajo condiciones preestablecidas y verificables, con menores costes de transacción y mayor eficiencia[15].

En el ámbito de la resolución de controversias, la descentralización constituye una alternativa relevante al sistema judicial convencional mediante el empleo de Organizaciones Autónomas Descentralizadas (DAOs). Estas entidades, integradas por comunidades que actúan conforme a reglas establecidas en *smart contracts*, pueden desempeñar funciones de arbitraje en disputas relacionadas con derechos de propiedad intelectual generados por IA. Lo hacen a través de procesos deliberativos y resoluciones vinculantes sustentadas en mecanismos de votación. Un

---

14 S. DAVIDSON, P. DE FILIPPI y J. POTTS, «Economics of Blockchain... *op. cit.*, p. 5: «As a technology, blockchains have been described in various ways to emphasize different points of functionality. As a consensus mechanism (based on proof-of-work/stake) blockchains are a truth-discovery or verification engine. This makes them valuable as a ledger (database) to securely record value transfer. They commoditize trust through public protocols. But the most general service blockchains perform is that they decentralize. We argue that the economics of blockchains is best approached from this perspective, because it lines them up in context of organizations and markets. Organizations are centralized; markets are decentralized. Markets of course are the other open platform technology that performs this general service of decentralization».

15 M. VERGHESE y A. MISHRA, «AI, Smart Contracts, and Blockchain: The New Frontier of Intellectual Property Management», en *Nuals Law Journal*, 16 de octubre de 2024, disponible en: https://nualslawjournal.com/2024/10/16/ai-smart-contracts-and-blockchain-the-new-frontier-of-intellectual-property-management (u.v. 25/07/2025): «A "smart" contract is defined "as agreements wherein execution is automated, usually by computers." It is an electronic agreement digitally signed and stored mainly as computer code on a blockchain. Blockchain is among the most popularly known and commonly resorted to distributed ledger technology (DLT). Distributed Ledger Technology enables multiple people or computers in a network to share and maintain an expanding, chronologically arranged list of records. Such a list is then cryptographically signed, secured, and locked with a code to prevent it from any change».

caso destacado es *Kleros*[16], una plataforma de arbitraje descentralizado que utiliza la *blockchain* para asegurar la transparencia, imparcialidad y participación comunitaria en la gestión de litigios.

La integración de *blockchain* e IA en los ecosistemas de PI facilita la gestión eficiente de activos intangibles y plantea una nueva estructura jurídica que reformula autoría, titularidad, registro y resolución de conflictos. Sin embargo, este sistema presenta retos legales importantes, como asignar derechos a creaciones autónomas, validar arbitrajes descentralizados y garantizar compatibilidad con la tutela judicial efectiva.

IV. RETOS NORMATIVOS Y APROXIMACIONES JURISPRUDENCIALES SOBRE LA *BLOCKCHAIN*

La adopción de tecnologías blockchain ha llevado a respuestas regulatorias iniciales en algunos sistemas jurídicos, que buscan armonizar los principios de inmutabilidad, descentralización y autonomía algorítmica con las normas del Derecho civil, mercantil y de protección de datos.

El Reglamento (UE) 2023/1114 (MiCA) es la primera normativa europea sobre criptoactivos, incluyendo criptomonedas y ciertos tokens. Aunque *no regula directamente* la *blockchain*, establece reglas obligatorias para la emisión, supervisión y comercialización de estos activos, incluyendo los *utility tokens, asset-referenced tokens y e-money tokens*[17]. Exige a los emisores ofrecer información clara y transparente, lo que impacta indirectamente en desarrollos basados en la *blockchain* al imponer responsabilidades y controles.

En el ámbito de la protección de datos, el RGPD plantea una tensión evidente con el principio de inmutabilidad de la *blockchain*. El artículo 17 del Reglamento, relativo al derecho al olvido, colisiona con la estructura técnica de esta tecnología, que

---

16 https://kleros.io/es/

17 Existen distintas categorías de criptoactivos reguladas en el Reglamento (UE) 2023/1114 (MiCA). Los *utility tokens* otorgan a su titular un derecho de acceso o uso sobre un producto o servicio ofrecido en una plataforma *blockchain*, sin finalidad financiera directa, actuando como vales digitales. Los *asset-referenced tokens*, también llamados *stablecoins* no *e-money*, están respaldados por uno o varios activos (como monedas fiduciarias, materias primas o criptomonedas), con valor diseñado para mantener estabilidad. Por último, los *e-money tokens* representan valor monetario vinculado a una moneda fiduciaria única y están concebidos como medio de pago digital, sujetos a las normas aplicables al dinero electrónico tradicional.

impide la modificación o eliminación de datos una vez registrados. Esta contradicción ha sido abordada por organismos como el Comité Europeo de Protección de Datos (CEPD), que ha sugerido soluciones técnicas intermedias, como el uso de *hashes* no reversibles, el almacenamiento fuera de la cadena (*off-chain*), o el cifrado de datos personales, para minimizar los riesgos jurídicos sin sacrificar las ventajas de la tecnología. Sin embargo, no existe aún una resolución judicial del TJUE que delimite con claridad los estándares aplicables a la *blockchain* en el contexto del RGPD.

En términos contractuales, la jurisprudencia en torno a los *smart contracts* todavía es incipiente, aunque en algunos sistemas jurídicos, como el del Reino Unido, se han comenzado a emitir dictámenes orientativos. Por ejemplo, el *UK Jurisdiction Taskforce* (UKJT) publicó en 2019 un *Legal Statement on Smart Contracts*, en el cual concluyó que los contratos inteligentes pueden constituir contratos legalmente vinculantes bajo el Derecho inglés, siempre que cumplan con los elementos esenciales del contrato[18].

En definitiva, aunque la doctrina y algunos desarrollos normativos han comenzado a abordar la integración de la *blockchain* en los marcos legales, persisten vacíos regulatorios y retos de armonización internacional. La aplicación efectiva de esta tecnología en áreas como la PI, los contratos, la protección de datos y la competencia dependerá de la evolución de los sistemas jurídicos, así como de la capacidad de los operadores del Derecho para interpretar y adaptar los principios tradicionales a esta nueva realidad digital. En este contexto, resulta imperativo el diálogo entre los desarrolladores, los juristas y los legisladores para generar marcos normativos flexibles, tecnológicamente informados y garantistas de derechos.

V. CONCLUSIONES

La *blockchain* debe ser comprendida no solo como una innovación técnica, sino como una infraestructura jurídica emergente que ofrece herramientas para modernizar la administración de justicia, aumentar la transparencia institucional y mejorar la gestión de los derechos de PI. Su incorporación no debe interpretarse como una sustitución del marco estatal, sino como una oportunidad para repensar su rol en

---

18 UKJT, *Legal Statement on Smart Contracts*, Reino Unido, 2019: https://lawcom.gov.uk/project/smart-contracts/ (u.v. 25/07/2025).

la era digital, fomentando una gobernanza colaborativa entre tecnología, instituciones públicas y operadores jurídicos. Así, el Derecho no solo se adapta a los cambios tecnológicos, sino que los integra en su estructura para garantizar un sistema más equitativo, accesible y acorde a las dinámicas de la economía digital.

VI. BIBLIOGRAFÍA

• C. CATALINI y J. GANZ, «Some Simple Economics of the Blockchain», *MIT Sloan Research Paper*, núm. 5191-16, 2016, disponible en: https://papers.ssrn.com/sol3/papers.cfm?abstract_id=2874598 (última consulta: 25 de julio de 2025).

• CENTRO ESPAÑOL DE DERECHOS REPROGRÁFICOS (CEDRO), «Blockchain y propiedad intelectual», en *Blog CEDRO*, 10 de mayo de 2022, disponible en: https://www.cedro.org/blog/articulo/blockchain-y-propiedad-intelectual (última consulta: 25 de julio de 2025).

• R. H. COASE, «The Nature of a Firm», en *Economica*, vol. 4, núm. 16, 1937.

• P. DE FILIPPI y A. WRIGHT, *Blockchain and the Law: The Rule of Code*, Harvard University Press, Cambridge, 2018.

• S. DAVIDSON, P. DE FILIPPI y J. POTTS, «Economics of Blockchain», en SSRN, 2016, disponible en: https://ssrn.com/abstract=2744751 (última consulta: 25 de julio de 2025).

• S. HABER y W. S. STORNETTA, «How to time-stamp a digital document», en *Journal of Cryptology*, núm. 3, 1991.

• S. NAKAMOTO, *Bitcoin: Un sistema de dinero en efectivo electrónico peer to peer*, en Bitcoin.org, 2008, traducción oficial disponible en: https://bitcoin.org/files/bitcoin-paper/bitcoin_es_latam.pdf (última consulta: 25 de julio de 2025).

• D. TAPSCOTT y A. TAPSCOTT, *Blockchain Revolution*, Portfolio, Nueva York, 2016.

• M. VERGHESE y A. MISHRA, «AI, Smart Contracts, and Blockchain: The New Frontier of Intellectual Property Management», en *Nuals Law Journal*, 16 de octubre de 2024, disponible en: https://nualslawjournal.com/2024/10/16/ai-smart-contracts-and-blockchain-the-new-frontier-of-intellectual-property-management(última consulta: 25 de julio de 2025).

• Q. WANG, G. YU, Y. SAI, H.M.N. DILUM BANDARA y S. CHEN, «Is Your AI Truly Yours? Leveraging Blockchain for Copyrights, Provenance, and Lineage», en *ArXiv*, 2025, disponible en: https://arxiv.org/abs/2404.06077 (última consulta: 25 de julio de 2025).

AMÉRICA VIDAL ASTROZA

*Estudiante de la I edición del Máster en Contratación Digital
e Inteligencia Artificial de la Universidad Autónoma de Madrid*

RESUMEN: El concepto de neuroderechos puede seguir siendo desconocido para la mayoría de las personas. En este capítulo se profundizará en su definición, origen, qué derechos lo componen y qué es lo que realmente se busca proteger a través de cada uno de ellos. Superada la primera parte, se abordará el aspecto regulatorio, estudiando específicamente el caso de Chile, primer país en proteger los neuroderechos a nivel constitucional, donde además, al momento de redacción de este capítulo, se discute en el Congreso un proyecto de ley sobre esta materia. Posteriormente, se analizará la situación de los neuroderechos en España, atendiendo tanto al marco regulatorio emanado del Derecho de la Unión Europea, como a las iniciativas a nivel nacional, valorando seguidamente si pueden entenderse protegidos por los derechos ya existentes y analizando, en este contexto, el rol de *Spain NeuroTech*. Finalmente, se incluyen reflexiones sobre los temas que se discuten sobre la protección de estos derechos y cómo el avance de la ciencia podría cambiar los principios jurídicos que hoy nos rigen.

PALABRAS CLAVE: Neuroderechos, neurotecnología, privacidad mental, actividad cerebral, Chile, derechos fundamentales, RGPD, RIA, Carta de Derechos Digitales, Declaración de León, *Spain NeuroTech*.

SUMARIO: I. INTRODUCCIÓN. II. ORIGEN E INQUIETUDES. III. ASPECTOS QUE SE BUSCA PROTEGER. 1. PRIVACIDAD MENTAL. **2.** IDENTIDAD PERSONAL. **3.** LIBRE ALBEDRÍO. **4.** ACCESO EQUITATIVO A LA AUMENTACIÓN COGNITIVA. **5.** PROTECCIÓN CONTRA SESGOS DE ALGORITMOS O PROCESOS AUTOMATIZADOS DE TOMA DE DECISIONES. **IV. REGULACIÓN JURÍDICA EN CHILE. 1.** CONSTITUCIÓN POLÍTICA DE LA REPÚBLICA DE CHILE. **2.** PROYECTO DE LEY. **V. SITUACIÓN REGULATORIA EN ESPAÑA. 1.** NORMATIVA COMUNITARIA EUROPEA. **2.** NORMATIVA NACIONAL. **3.** SPAIN NEUROTECH. **VI. REFLEXIONES FINALES. VII. BIBLIOGRAFÍA.**

I. INTRODUCCIÓN

La primera pregunta que surge al leer el nombre de este capítulo es ¿qué son los neuroderechos? Pero antes de entrar en definiciones, es preciso situarse en el área o campo en que nos encontramos y, como bien se desprende de la palabra en cuestión, el prefijo "neuro" indica que estamos dentro del mundo de las neuronas, la actividad neuronal, la actividad cerebral, el sistema nervioso.

Puede ahora surgir una segunda pregunta: ¿cómo se relaciona esto con el tema de este estudio? Con el avance tecnológico, nació la rama de la neurotecnología definida en un comienzo como cualquier desarrollo que permitiera monitorizar o modificar la función cerebral[1]. Sin embargo, esta definición ha quedado obsoleta, toda vez que no logra abarcar las funciones y alcance de esta rama científica en los tiempos actuales. En ese sentido, la Organización para la Cooperación y el Desarrollo Económico (OCDE) ha definido las neurotecnologías emergentes como "los dispositivos y procedimientos que se utilizan para acceder, monitorizar, investigar, evaluar, manipular o emular la estructura y función de los sistemas neuronales"[2].

Dicho lo anterior, los neuroderechos se pueden definir como aquellos que buscan proteger la privacidad e integridad mental y psíquica, tanto consciente como inconsciente, del uso abusivo de neurotecnologías[3].

II. ORIGEN E INQUIETUDES

Como se desprende de la introducción, la discusión o propuesta de los neuroderechos surge en respuesta a los rápidos avances en neurociencia y neurotecnología, toda vez que a medida que estas tecnologías se desarrollan, surgen también inquietudes sobre su uso y sus implicaciones para la privacidad de las personas, específicamente la privacidad mental.

La comunidad científica está de acuerdo en que el cerebro es el único órgano del cuerpo humano que todavía no se ha podido descifrar por completo. A raíz de ello,

---

1 Eaton, M. L., Illes, J. "Commercialising cognitive neurotechnology-the ethical terrain. Nature Biotechnology" (2007). 25(4), pp. 393-397. Citado en EDPS, AEPD: "TechDispatch: Neurodatos" (2024), p. 2. Disponible en https://www.aepd.es/guias/neurodatos-aepd-edps.pdf [fecha de la última consulta:junio de 2025].

2 OCDE, Working Paper "Responsible innovation in neurotechnology enterprises" (octubre 2019). Disponible en https://one.oecd.org/document/DSTI/STP/BNCT(2018)5/FINAL/en/pdf [fecha de la última consulta: junio de 2025]

3 Proyecto de Ley sobre protección de los neuroderechos y la integridad mental, y el desarrollo de la investigación y las neurotecnologías. Cámara de Diputadas y Diputados de Chile. Boletín n° 13.828-19. Artículo 2 Letra d).

en el año 2013 se lanzó el Proyecto BRAIN, impulsado principalmente por el neurobiólogo español Rafael Yuste, con el objetivo de poder descifrar y leer la actividad cerebral, mapear el contenido de la mente para estudiar y, eventualmente, modificar su comportamiento y, así, corregir defectos provocados especialmente por enfermedades mentales[4][5]. En la misma línea y también de la mano de Yuste, en 2017 se creó el grupo *Morningside*, conformado por neurocientíficos, médicos, ingenieros informáticos de *Google*, entre otros, quienes desarrollaron directrices éticas para las tecnologías emergentes de implantes neuronales e inteligencia artificial, sobre las cuales se volverá en el siguiente apartado[6].

Gracias al estudio y desarrollo en la lectura de la actividad cerebral, hoy se utilizan implantes de electrodos en el cerebro como parte del tratamiento del Alzheimer, la enfermedad de Parkinson, la depresión y otras enfermedades neurodegenerativas. A través de estos implantes se produce estimulación eléctrica de áreas profundas del cerebro, para poder mejorar calidad de vida de quienes padecen dichas enfermedades.

Sin embargo, estos avances llevan aparejados la natural y gran preocupación del uso de las neurotecnologías fuera del campo de la medicina y lejos de usos meramente terapéuticos. Actualmente, existen técnicas de imagenología potenciada con inteligencia artificial (en adelante, IA) que permiten reproducir una imagen a partir de la lectura de la actividad cerebral generada por pensamientos de una persona. Es más, ya existen neurotecnologías no invasivas en el mercado, que se distribuyen libremente y se ponen a disposición de las personas sin siquiera prever los efectos que puedan tener en ellas y sus derechos.

Es cierto que las grandes empresas como *Meta o Alphabet (Google)*, ya poseen la mayoría -sino todos- nuestros datos y elaboran perfiles que nos pueden describir de mejor forma que lo haríamos nosotros mismos. Así quedó de manifiesto

4 Director del Centro de NeuroTecnologías (NTC) y profesor de ciencias biológicas y neurociencia de la Universidad de Columbia.
5 Rafael Yuste's Laboratory, "BAM-BRAIN". Disponible en https://blogs.cuit.columbia.edu/rmy5/bam/ [fecha de la última consulta: junio de 2025].
6 "How can we ensure new brain technologies are used ethically?" Disponible en 'https:// giving.columbia.edu/how-can-we-ensure-new-brain-technologies-are-used-ethically [fecha de la última consulta: junio de 2025].

en el caso denominado *Cambridge Analytica*[7]. Si a estos factores se suma la dependencia al *smartphone*, ¿sería el uso de implantes neuronales o la interfaz cerebro – computador una situación realmente distinta a la actual?

El solo hecho de imaginar que los gigantes tecnológicos, o incluso cualquier tercero, con estas herramientas y los datos que ya manejan de los usuarios puedan, además, tener acceso directo a la memoria, pensamientos, emociones, sentimientos, significa que la persona pierde toda autonomía, su esencia, su capacidad de decisión. Consecuentemente, cualquier límite ético debería entenderse sobrepasado, no obstante, el riesgo más grave radica en la posibilidad de desvirtuar la naturaleza humana.

Esto nos lleva al particular caso de *Neuralink* de Elon Musk, empresa dedicada a la investigación y estudio de la actividad cerebral y al desarrollo de interfaces cerebro-computador. Entre sus principios, señala que busca restaurar la autonomía de personas con necesidades médicas no satisfechas hoy y desarrollar el potencial humano mañana. Es decir, bajo la excusa de tratar enfermedades neurológicas, esta empresa tiene como fin último desarrollar una tecnología que permita aumentar las capacidades cognitivas de las personas hasta alcanzar el "súper humano". Este objetivo mencionado no es una teoría conspirativa ya que lo primero que se ve al ingresar al sitio web de *Neuralink*, es la siguiente frase: "Redefinir los límites de las capacidades humanas requiere pioneros"[8].

Para dónde va y cuál será el alcance de las neurotecnologías, son los interrogantes que impulsan las discusiones éticas y jurídicas respecto a la regulación de estas materias, y plantea la cuestión acerca de si los derechos existentes son o no suficientes para proteger a las personas, más aún cuando se prevé que estas técnicas se relacionarán con el internet de las cosas, el 5G, la robótica avanzada e incluso la genética.

---

7 *Cambridge Analytica* era una consultora británica que accedió a datos de millones de usuarios de Facebook, elaboró perfiles en base al comportamiento de los usuarios, para luego influir, entre otros casos, en el referéndum del Brexit y en el proceso de elecciones presidenciales de Estados Unidos en 2016 a favor del Partido Republicano y Donald Trump.

8 Disponible en https://neuralink.com/ [fecha de la última consultada realizada: junio de 2025].

III. ASPECTOS QUE SE BUSCA PROTEGER

Conforme a la investigación multidisciplinaria realizada por Rafael Yuste y el grupo *Morningside*, se puso sobre la mesa la amplia gama de consecuencias que significa, por ejemplo, la interfaz cerebro-computador. Se consideraron aspectos como alcances, perjuicios, costo, discriminación, masividad, escalabilidad, entre otros. Se concluyó que la neurotecnología debería utilizarse solo con fines médicos, ya que el cerebro, al ser la esencia del ser humano, no debería ser objeto de alteraciones con fines comerciales. Sin embargo, al ser un principio imposible de decretar a nivel mundial, se definieron cuáles son los neuroderechos que se deben proteger contra el uso abusivo de las neurotecnologías, a fin de que sea el estándar mínimo jurídico y ético.

Según este estudio, continuado hoy en día por *NeuroRights Fundation*, los neuroderechos se descomponen en 5 derechos que se pasan a desarrollar[9].

1. PRIVACIDAD MENTAL

Este derecho se traduce en la privacidad de los datos e información producida por la actividad cerebral, entendiendo que éstos son los que llegan a formar la mente y que ésta, a su vez se conforma con los pensamientos, memorias, emociones, sentimientos, decisiones o percepciones. Yuste ha señalado que esta tecnología es la que va más rápido en su desarrollo y que, de hecho, ya se ha probado en animales con resultados positivos.

2. IDENTIDAD PERSONAL

Consiste en el simple derecho a que la persona sea tal y simplemente quien es, manteniendo su esencia e integridad. A través de la neurotecnología se puede alterar la actividad cerebral, lo que eventualmente llevaría a cambiar la identidad de la persona. Un ejemplo de ello son personas con enfermedad de Parkinson que se someten a tratamientos con electrodos en su cerebro para reducir los síntomas. Sin embargo, como efecto secundario describen cambios y alteraciones en su personalidad.

3. LIBRE ALBEDRÍO

Equivale a la libertad de la persona para tomar sus propias decisiones. La

---

9 Disponible en https://neurorightsfoundation.org/mission [fecha de la última consulta: junio de 2025].

diferencia con la interacción que se vive día a día, con la persuasión que se hace el uno al otro, o la publicidad que busca el consumo de un determinado producto, o de los políticos a sus votantes, es que todas estas se perciben como estímulos externos, pero cuando es interferencia a nivel cerebral, la persona entenderá que es un pensamiento propio y no será capaz de distinguir su origen.

4. ACCESO EQUITATIVO A LA AUMENTACIÓN COGNITIVA

Este derecho de carácter social busca establecer un acceso a las neurotecnologías sin discriminación. Es sabido que la tecnología de punta está asociada a precios muy elevados, de manera que solo tienen acceso a ella un grupo reducido de personas. Tal sería el caso si lo que se busca es mejorar la capacidad cerebral de las personas, generando en definitiva una nueva brecha de desigualdad en la sociedad. Se ha señalado que, para uso médico, la disponibilidad de las neurotecnologías debería funcionar como la donación de órganos en caso de que haya sobredemanda, es decir, conceder su acceso por urgencia y prioridad, no en función de la capacidad económica de la persona.

5. PROTECCIÓN CONTRA SESGOS DE ALGORITMOS O PROCESOS AUTOMATIZADOS DE TOMA DE DECISIONES

La aplicación de IA en la neurotecnología genera una profunda preocupación debido a que sus algoritmos pueden contener sesgos, ya sea en su diseño o por los datos utilizados en su entrenamiento. Estos sesgos podrían ser reproducidos por la persona que tenga implantes neuronales o, incluso, a través de técnicas no invasivas, lo que genera un riesgo de perpetuar la discriminación, y también riesgo para el libre albedrío.

IV. REGULACIÓN JURÍDICA EN CHILE
1. CONSTITUCIÓN POLÍTICA DE LA REPÚBLICA DE CHILE

En octubre del año 2020, se ingresó proyecto de reforma constitucional con el fin de incluir la protección de los neuroderechos en la carta magna del ordenamiento jurídico chileno. Esta reforma se aprobó sin ningún voto en contra tanto por el Senado como por la Cámara de Diputadas y Diputados. Fue promulgada y publicada el año 2021.

Así, en el capítulo III de la Constitución, relativo a los derechos y deberes constitucionales, se agregó un último inciso al artículo 19, n°1 que consagra el derecho a la integridad física y psíquica de las personas, señalando lo siguiente: "El desarrollo científico y tecnológico, estará al servicio de las personas, y se llevará a cabo con respeto a la vida y a la integridad física y psíquica. La ley, regulará los requisitos, condiciones y restricciones para su utilización en las personas, debiendo resguardar especialmente la actividad cerebral, así como la información proveniente de ella".

2. PROYECTO DE LEY

Con la misma fecha del proyecto de reforma constitucional, se ingresó proyecto de ley sobre protección de los neuroderechos y la integridad mental, y el desarrollo de la investigación y las neurotecnologías.

A raíz de una prolífera discusión parlamentaria inicial, se sostuvo que la moción presentada tenía más bien un carácter de declaración de buenas intenciones, ya que se limitaba a incluir definiciones y prohibiciones sin sanciones. Dado que son tecnologías en constante evolución y no se sabe el desarrollo que pueden alcanzar, se determinó que aquellas definiciones podrían llevar a problemas de interpretación o de restricción en la aplicación de la ley . Por lo demás, tampoco cumplía cabalmente con el mandato constitucional.

Por ello, se modificó la propuesta inicial y, actualmente, el proyecto de ley recoge los aspectos que se señalan a continuación[10]:

En primer término, se establecen como normas supletorias la ley sobre investigación científica en el ser humano o la ley que regula derechos y deberes de las personas con las acciones vinculadas a su atención de salud, según sea el caso. Solo se definen los conceptos de datos neuronales y neurotecnologías, pero nada se dice sobre los neuroderechos propiamente hablando, ni acerca de su contenido. Se señala que los datos neuronales se tratarán como datos sensibles conforme a la ley sobre

---

10 Cámara de Diputadas y Diputados de Chile. Disponible en https://www.camara.cl/legislacion/proyectosdeley/ tramitacion.aspx?prmID=14385&prmBOLETIN=13828-19 [fecha de la última consulta: junio de 2025].

protección de la vida privada[11] y de protección de datos[12].

Se establece como regla general la libertad del uso de procedimientos de neurotecnología, teniendo como límite los derechos fundamentales de las personas. Se exige que el consentimiento sea libre, previo, informado y expreso, cuando se intervenga en un tercero, con la obligación de que tanto la instalación como el funcionamiento de la neurotecnología sea esencialmente reversible. El proyecto inicial proponía como regla general la prohibición de cualquier intromisión cerebral por medio de neurotecnologías sin consentimiento expreso.

Se faculta a la autoridad sanitaria para restringir o prohibir el uso de neurotecnologías en los siguientes casos: influir en la conducta de la persona sin su consentimiento, la explotación de vulnerabilidades de grupos específicos, la extracción de datos sin consentimiento o cuando se afecte a la neuroplasticidad, especialmente en niñas, niños y adolescentes.

Propone, asimismo, un sistema de responsabilidad objetiva y solidaria del productor, del proveedor y de aquel que administre la neurotecnología a un consumidor y que cause daños materiales y morales. Ello salvo que el daño haya sido originado por la víctima, por un uso distinto al autorizado; si es consecuencia de un delito perpetrado por un tercero, o a raíz exclusivamente de la conducta dolosa de quien lo administró.

Por otra parte, establece un nuevo tipo penal que castiga con penas de presidio al que haciendo uso de neurotecnología sin conocimiento o consentimiento del usuario, alterare la voluntad de otro, causare muerte o lesiones corporales. También establece como agravante de la pena el hecho de inducir a un tercero a la comisión de un delito mediante el uso de neurotecnología.

Finalmente delega en la autoridad administrativa sanitaria el desarrollo y complemento de uso de las neurotecnologías.

---

11 Ley 19.628, *sobre protección de la vida privada.*
12 Ley 21.719, *de Protección y el Tratamiento de Datos Personales* (fecha de entrada en vigor: 1 de diciembre de 2026).

Este proyecto se encuentra actualmente paralizado en el segundo trámite constitucional, estancado más en aspectos políticos y de agenda que de fondo, principalmente por el hecho que los parlamentarios que impulsaron estas reformas terminaron sus periodos legislativos en marzo del año 2022, fecha desde la cual el proyecto no ha tenido movimiento sustantivo.

Por el momento, y en virtud de la reforma constitucional, la actividad cerebral y la información proveniente de ella, quedan tuteladas por el recurso de protección para el caso que, a raíz de actos u omisiones arbitrarios o ilegales, una persona sufra privación, perturbación o amenaza en el legítimo ejercicio de tal derecho protegido[13]. Además, por entenderse la actividad cerebral un dato personal, quedan sujetos a la ley sobre protección de la vida privada y de protección de datos referidas anteriormente.

V. SITUACIÓN REGULATORIA EN ESPAÑA
1. MARCO NORMATIVO DE LA UNIÓN EUROPEA

No existe actualmente a nivel europeo una regulación específica sobre los neuroderechos, ni que trate los alcances y efectos de las neurotecnologías en las personas fuera del uso terapéutico.

Sin embargo, cabe estimar que el Reglamento General de Protección de Datos[14] (en adelante, RGPD) y el Reglamento de Inteligencia Artificial[15] (en adelante, RIA), contribuyen en cierta medida, dentro del ámbito de aplicación que tiene cada uno de ellos.

El RGPD tiene como objeto la protección de las personas físicas en lo que respecta al tratamiento y protección de los datos personales y los derechos y libertades fundamentales.

Como ya se mencionó, la información que genera la actividad neuronal son datos personales, entendidos como toda información sobre una persona física identificada o identificable[16]. Es más, podrían llegar a considerarse como un dato

---

13 Herramienta jurídica similar al recurso de amparo de la Constitución Española.
14 Reglamento (UE) 2016/679 del Parlamento Europeo y del Consejo de 27 de abril de 2016.
15 Reglamento (UE) 2024/1689 del Parlamento Europeo y del Consejo de 13 de junio de 2024.
16 Artículo 4.1 del Reglamento (UE) 2016/679.

biométrico ya que se obtienen a través de un tratamiento técnico específico relativo a características fisiológicas o conductuales, e incluso como un dato relativo a la salud, por lo que su tratamiento será conforme a la categoría de datos especialmente protegidos del artículo 9 del RGDP.

En todo caso, cualquiera sea la categoría de dato personal en que se quieran enmarcar, el tratamiento de estos datos neuronales que se realice en contravención al RGPD y cause daño o perjuicios materiales o inmateriales en la persona, da derecho a indemnización por parte del responsable o encargado del tratamiento de esos datos[17].

Por su parte, el Reglamento de Inteligencia Artificial tiene como finalidad promover una adopción de dicha herramienta centrada en el ser humano, garantizando la protección de la salud, la seguridad y los derechos fundamentales frente a los efectos perjudiciales de los sistemas de IA.

Se entiende por sistema de IA aquel basado en una máquina que está diseñado para funcionar con distintos niveles de autonomía y que puede mostrar capacidad de adaptación tras el despliegue, y que, para objetivos explícitos o implícitos, infiere de la información de entrada que recibe la manera de generar resultados de salida, como predicciones, contenidos, recomendaciones o decisiones, que pueden influir en entornos físicos o virtuales[18]. Por lo que, estando estos sistemas de IA ya introducidos en el mercado europeo, este reglamento les es aplicable en virtud del artículo 2.1.e) del RIA.

Como se señaló en el apartado II, las neurotecnologías emergentes están relacionadas directamente con el uso de IA, ya que requieren procesar una gran cantidad de datos para el desarrollo y funcionamiento del dispositivo. Por su parte, el sistema de IA, con una programación y entrenamiento adecuado, puede llegar a tener autonomía suficiente para aprender y adaptarse a la estructura neuronal. Así, la IA potencia la funcionalidad de las neurotecnologías.

El potencial peligro que se desprende de esta interdependencia, es que el

---

17 Herramienta jurídica similar al recurso de amparo de la Constitución Española.
18 Reglamento (UE) 2016/679 del Parlamento Europeo y del Consejo de 27 de abril de 2016.

sistema de IA puede contener sesgos dañinos en su diseño o en los datos con los cuales fue entrenado, y estos a su vez pueden ser traspasados a la persona usuaria de los dispositivos. En este sentido, el RIA establece que los conjuntos de datos de entrenamiento, validación y prueba para los sistemas de alto riesgo, se someterán a prácticas de gobernanza y gestión de medidas adecuadas para detectar, prevenir y mitigar posibles sesgos que puedan afectar a la salud y la seguridad de las personas, afectar negativamente a los derechos fundamentales o dar lugar a algún tipo de discriminación prohibida por el Derecho de la Unión[19].

Son precisamente estos bienes jurídicos los que se busca proteger a través del RIA: salud, seguridad y derechos fundamentales. Por ello, se establecen como prácticas de Inteligencia Artificial prohibidas las técnicas subliminales o deliberadas que trasciendan la conciencia o alteren sustancialmente el comportamiento de las personas o colectivos, la explotación de vulnerabilidades que alteren sustancialmente el comportamiento de las personas, aquellas utilizadas para inferir las emociones de una persona física en los lugares de trabajo y en los centros educativos, entre otras[20].

La Real Academia Española define el término "conciencia" como el conocimiento del bien y del mal que permite a la persona enjuiciar moralmente la realidad y los actos, especialmente los propios. A simple vista pareciera que el mayor miedo del uso de neurotecnología abusiva quedaría prohibido, al menos para la manipulación e intervención de la conciencia. Sin embargo, teniendo presente que el RIA no aplica para sistemas de IA que se utilicen exclusivamente con fines militares, se plantea el interrogante de si hipotéticamente podrían llegar a usarse neurotecnologías basadas en sistemas de IA que alteren la conciencia en este campo.

Una aplicación conjunta de ambos reglamentos -GDPR y RIA-, podría en principio amparar los neuroderechos, sobre todo la protección contra sesgos de algoritmos o procesos automatizados de toma de decisiones, ya que se exige supervisión humana y gobernanza respecto de los datos de entrenamiento, validación y prueba de los sistemas de IA. Respecto de los derechos a la privacidad mental, la identidad y el libre albedrío, se estiman garantizadas a través de la imposición de

---

19 Artículo 10.2.f) y g) del Reglamento (UE) 2024/1689.
20 Artículo 5.1 del Reglamento (UE) 2024/1689.

prohibiciones a los operadores frente técnicas que trasciendan la conciencia alteren el comportamiento, pero no hay una protección directa a las personas.

Lo cierto es que, la protección del RIA solo aplica para el caso que se utilice un sistema de IA. Frente al caso de neurotecnologías que no tengan implementada IA como componente o funcionalidad, el RIA no es aplicable y los neuroderechos quedan nuevamente desprotegidos.

Este análisis de los reglamentos, es sin perjuicio de la normativa técnica tanto de la Unión Europea como nacional de España que regula el uso de dispositivos médicos y tecnologías sanitarias, toda vez que va dirigida especialmente para aquellos casos de uso que no tengan una finalidad clínica o médica[21].

Finalmente, sin tener carácter vinculante, en el año 2023, los ministros de telecomunicaciones de la Unión Europea suscribieron la llamada "Declaración de León", que busca fijar la dirección para el desarrollo de neurotecnología europea. En ella, se establecen principios éticos para el desarrollo y uso responsable de las neurotecnologías, con un enfoque centrado en el ser humano[22].

2. NORMATIVA NACIONAL

La Constitución Española garantiza el derecho a la vida y a la integridad física y moral, así como el derecho al honor, a la intimidad personal y familiar y a la propia imagen, a su vez desarrollado por la Ley Orgánica 1/1982, de 5 de mayo[23]. Se podría entender, con una interpretación extensiva, que la privacidad mental queda protegida por este derecho en cuanto habla de integridad moral e intimidad, pero no basta para garantizar la identidad ni el libre albedrío.

---

21 Reglamento (UE) 2017/745 del Parlamento Europeo y del Consejo, de 5 de abril de 2017, sobre los productos Sanitarios y Real Decreto 192/2023, de 21 de marzo, por el que se regulan los productos sanitarios; citado en Oficina de Ciencia y Tecnología del Congreso de los Diputados (Oficina C), *Informe C: Avances en neurociencia: aplicaciones e implicaciones éticas* (2023), pp 10-11. Disponible en www.doi.org/10.57952/t6ry-4757 [fecha de la última consulta realizada: junio 2025].

22 *León Declaration on European neurotechnology: A human centric and rights-oriented approach*. Disponible en: https://portal.mineco.gob.es/RecursosNoticia/mineco/prensa/noticias/2023/Le%C3%B3n%20Declaration%20on% 20Neurotechnology%20DEF%2024%20oct.pdf.

23 Ley Orgánica 1/1982, de 5 de mayo, *de protección civil del derecho al honor, a la intimidad personal y familiar y a la propia imagen*.

24 Ley Orgánica 3/2018, de 5 de diciembre, *de protección de datos personales y garantía de los derechos digitales*.

En cuanto a la protección de datos personales, la Ley Orgánica 3/2018, de 5 de diciembre[24] no aporta novedad en el presente análisis, ya que tiene por objeto adaptar el ordenamiento jurídico español al RGPD. Por lo que, en esta materia, cabe remitirse a lo dicho en el apartado anterior sobre ese Reglamento.

Por otra parte, la Ley 15/2022, de 12 de julio[25], que reconoce el derecho de toda persona a la igualdad de trato y no discriminación, es aplicable específicamente en el ámbito de la Inteligencia Artificial y la gestión masiva de datos, así como en otras esferas de análoga significación. El acceso equitativo a la aumentación cognitiva a través de neurotecnologías podría eventualmente encajar en este marco normativo y tener la protección correspondiente.

Hasta aquí, no se ha identificado otra normativa vinculada al tema de fondo, excepto aquella relativa al ámbito sanitario, mencionada en el apartado anterior. Sin embargo, la regulación de dispositivos médicos y tecnologías en el ámbito sanitario no resulta del todo relevante para este análisis, por cuanto la máxima incertidumbre y discusión de los neuroderechos gira en torno al uso de neurotecnologías fuera de ámbito médico o terapéutico.

No obstante lo anterior, en el año 2021 el gobierno de España adoptó una Carta de Derechos Digitales que, si bien no tiene carácter normativo y por tanto no es vinculante, sugiere priorizar la dignidad, privacidad y seguridad de las personas en el entorno digital. Esta Carta, contempla un apartado exclusivo de los derechos digitales en el empleo de las neurotecnologías[26]. Este apartado XXVI no utiliza expresamente el concepto de neuroderechos, pero sí sugiere que el empleo de neurotecnologías en las personas esté regulado a fin de: a) garantizar el control de cada persona sobre su propia identidad; b) garantizar la autodeterminación individual, soberanía y libertad en la toma de decisiones; c) asegurar la confidencialidad y seguridad de datos de procesos cerebrales, y el pleno dominio y disposición de ellos; d) regular el uso de interfaces cerebro-computador susceptibles de afectar a la integridad física o

---

25 Ley 15/2022, de 12 de julio, *integral para la igualdad de trato y la no discriminación.*
26 *Carta de Derechos Digitales*, Plan de Recuperación, Transformación y Resiliencia, Gobierno de España (14 de julio de 2021), apartado XXVI (p. 28). Disponible en: https://www.lamoncloa.gob.es/presidente/actividades /Documents/2021/140721-Carta_Derechos_Digitales_RedEs.pdf.

psíquica; y, e) asegurar que las decisiones y procesos basados en neurotecnologías no sean condicionadas por el suministro de datos, programas o informaciones incompletos, no deseados, desconocidos o sesgados.

Para el caso de empleo de neurotecnologías que, más allá de su aplicación terapéutica, pretendan el aumento cognitivo o la estimulación o potenciación de las capacidades de las personas, sugiere que la ley regulará los casos y supuestos en que sea procedente, garantizando la dignidad de la persona, la igualdad y la no discriminación.

Es decir, la Carta de derechos digitales recoge todos y cada uno de los neuroderechos expuestos en el capítulo III de ese título, pero atendida su naturaleza, no queda sino reducida a una sugerencia para que, eventualmente, una ley sea la que regule y garantice esos aspectos.

Actualmente, en España no hay normativa que regule específicamente el uso de neurotecnologías en las personas fuera del ámbito clínico. Se hace presente que esta es la situación normativa a nivel mundial, ya sea porque se desconoce el avance de la tecnología y de sus potenciales efectos en las personas, o bien, porque se cuestiona la necesidad de contar con regulación específica, alegando que estos derechos se recogen en otros ya existentes.

3. SPAIN NEUROTECH

A pesar de lo dicho anteriormente, España sí ha demostrado con declaraciones, cartas y actos que dentro de su agenda está la preocupación por la protección de los neuroderechos. Esto quedó reflejado con la creación del Centro Nacional de Neurotecnología o *Spain NeuroTech* que, con aportes del sector público, privado y la academia, se convierte en uno de los centros más grandes del mundo para el estudio del cerebro, la información generada por la actividad cerebral y también para el desarrollo de técnicas y herramientas tecnológicas para investigación y tratamientos clínicos, teniendo como base la ética y el respeto a las personas. Por ello, las perspectivas de estudio del centro abarcan los aspectos científico, médico, tecnológico, jurídico, ético y filosófico, ya que dentro de sus objetivos también se encuentra el desarrollo de reglas o bases ético-jurídicas para la protección de los derechos fundamentales las personas frente a las neurotecnologías utilizadas fuera del tratamiento médico.

VI. REFLEXIONES FINALES

De la misma forma que hoy se utilizan los smartwatch que recopilan constantemente datos de salud fuera del ámbito clínico, se podría llegar al día en que esta neurotecnología se masifique y sea utilizada fuera del ámbito de tratamiento de enfermedades neuronales. O bien, puede que se utilice exclusivamente para potenciar las capacidades del cerebro, para crear una versión "pro" del ser humano. Por tanto, no sería accesible a todas las personas y crearía una gran brecha entre quienes puedan tener acceso a ella y quienes no.

La situación de los neuroderechos es mayormente desconocida tanto en la sociedad como en los Estados. Podría pensarse que la interfaz cerebro-computador es algo futurista pero, como se ha mencionado, ya existen herramientas de este tipo en el mercado a las cuales se puede acceder sin restricción.

Por otro lado, los puntos transversales que se discuten sobre la protección de los neuroderechos son los siguientes: en primer lugar, el hecho que éstos ya estarían recogidos en los derechos fundamentes existentes, como el derecho a la vida, integridad física y psíquica, a la intimidad, a la privacidad, dependiendo de cada ordenamiento jurídico. En segundo lugar, se ha manifestado preocupación por la imprecisión de lo que se pretende regular o proteger, toda vez que se estaría legislando de forma preventiva, sin tener claro cuáles serían los métodos utilizados por las neurotecnologías, cómo se podrían infringir los derechos, cómo se determina la modificación de un pensamiento si no se puede determinar cuál es el pensamiento original, dónde está la mente, cómo funciona la totalidad del cerebro, y así tantos interrogantes. Por último, se entiende que otorgar protección a estos derechos puede, en cierto modo, limitar el desarrollo tecnológico.

Frente a estas incertidumbres no debe perderse el objetivo final de la discusión que, siendo el cerebro la esencia de la persona, debe ser objeto de una protección robusta toda vez que cualquier alteración que sufra, repercute directamente en la identidad, comportamiento, autonomía de la persona. Es decir, sea un derecho existente o uno nuevo, no deber caber duda de que estará protegido frente a cualquier perturbación que pueda sufrir a raíz del uso de neurotecnologías, ya sean invasivas o no, fuera del uso terapéutico.

VII. BIBLIOGRAFÍA

• Eaton, M. L., Illes, J. "Commercialising cognitive neurotechnology-the ethical terrain. Nature Biotechnology" (2007), 25(4), pp. 393-397.

• EDPS, AEPD: "TechDispatch: Neurodatos" (2024), p. 2. Disponible en https://www.aepd.es/guias/neurodatos-aepd-edps.pdf [fecha de la última consulta: junio de 2025]

• OCDE, Working Paper "Responsible innovation in neurotechnology enterprises" (octubre 2019). Disponible en https://one.oecd.org/document/DSTI/STP/BNCT (2018)5/FINAL/en/pdf.

• Rafael Yuste's Laboratory, "BAM-BRAIN". Disponible en https://blogs.cuit. columbia.edu/rmy5/bam/ [fecha de la última consulta realizada: junio de 2025]

• "How can we ensure new brain technologies are used ethically?" Disponible en https://giving.columbia.edu/how-can-we-ensure-new-brain-technologies-are-used-et hically [fecha de la última consulta realizada: junio de 2025].

• Zaror, D., Bordachar, M., Trigo, P. *"Acerca de la necesidad de proteger constitucionalmente la actividad e información cerebral frente al avance de las neurotecnologías"* (2021). Revista chilena de derecho y tecnología Vol.10 n°2, pp.1-10.

• Zúñiga, A., Villavicencio, Luis., Salas, R. *¿Neuroderechos? Razones para no legislar* (11 de diciembre de 2020). Disponible en https://www.ciperchile.cl/2020 /12/11/neuroderechos-razones-para-no-legislar/ [fecha de la última consulta realizada: junio de 2025].

• *León Declaration on European neurotechnology: A human centric and rights-oriented approach.* Informal meeting of Telecommunications Ministers. Council of the European Union (23 de octubre de 2023).

• *Carta de Derechos Digitales*, Plan de Recuperación, Transformación y Resiliencia, Gobierno de España (14 de julio de 2021), apartado XXVI (p. 28).

• Oficina de Ciencia y Tecnología del Congreso de los Diputados (Oficina C), *Informe C: Avances en neurociencia: aplicaciones e implicaciones éticas* (2023), pp 14-15.

Normativa chilena

• Constitución Política de la República de Chile.

- Ley 19.628, *sobre protección de la vida privada.*
- Ley 21.719, *de Protección de Datos Personales.*
- Proyecto de Ley sobre protección de los neuroderechos y la integridad mental, y el desarrollo de la investigación y las neurotecnologías. Cámara de Diputadas y Diputados de Chile. Boletín nº 13.828-19.

Normativa europea

- Reglamento (UE) 2016/679 del Parlamento Europeo y del Consejo de 27 de abril de 2016 *relativo a la protección de las personas físicas en lo que respecta al tratamiento de datos personales y a la libre circulación de estos datos y por el que se deroga la Directiva 95/46/CE* (Reglamento general de protección de datos).
- Reglamento (UE) 2024/1689 del Parlamento Europeo y del Consejo de 13 de junio de 2024, *por el que se establecen normas armonizadas en materia de inteligencia artificial y por el que se modifican los Reglamentos (CE) n.° 300/2008, (UE) n.°167/2013, (UE) n.° 168/2013, (UE) 2018/858, (UE) 2018/1139 y (UE) 2019/2144 y las Directivas 2014/90/UE, (UE) 2016/797 y (UE) 2020/1828* (Reglamento de Inteligencia Artificial).

Normativa española

- Constitución española.
- Ley Orgánica 1/1982, de 5 de mayo, *de protección civil del derecho al honor, a la intimidad personal y familiar y a la propia imagen.*
- Ley Orgánica 3/2018, de 5 de diciembre, *de protección de datos personales y garantía de los derechos digitales.*
- Ley 15/2022, de 12 de julio, *integral para la igualdad de trato y la no discriminación.*